Sinopses JURÍDICAS

VOLUME 2

DIREITO CIVIL

www.editorasaraiva.com.br/direito
Visite nossa página

CARLOS ROBERTO GONÇALVES

Mestre em Direito Civil pela PUC-SP.
Desembargador aposentado do Tribunal de Justiça de São Paulo.
Membro da Academia Brasileira de Direito Civil.

DIREITO CIVIL

DIREITO DE FAMÍLIA

VOLUME 2

21ª edição
2018

saraiva jur

ISBN 978-85-472-0610-9 obra completa
ISBN 978-85-472-2408-0 volume 2

DADOS INTERNACIONAIS DE CATALOGAÇÃO NA PUBLICAÇÃO (CIP)
ANGÉLICA ILACQUA CRB-8/7057

Gonçalves, Carlos Roberto

Direito Civil : direito de família / Carlos Roberto Gonçalves. – 21. ed. – São Paulo : Saraiva Educação, 2018. (Coleção sinopses jurídicas ; v. 2).

1. Direito civil - Brasil 2. Direito de família - Brasil 3. Direito de família - Legislação - Brasil I. Título. II. Série.

17-1473 CDU 347.6(81)

Índice para catálogo sistemático:

1. Brasil : Direito de família : Direito civil 347.6(81)

somos educação | saraiva jur

Av. das Nações Unidas, 7.221, 1º andar, Setor B
Pinheiros – São Paulo – SP – CEP 05425-902

SAC
0800-0117875
De 2ª a 6ª, das 8h às 18h
www.editorasaraiva.com.br/contato

Vice-presidente Claudio Lensing
Diretora editorial Flávia Alves Bravin

Conselho editorial
Consultor acadêmico Murilo Angeli Dias dos Santos

Gerência
Planejamento e novos projetos Renata Pascual Müller
Editorial Roberto Navarro

Edição Liana Ganiko Brito Catenacci
Patricia Quero

Produção editorial Maria Izabel B. B. Bressan (coord.)
Carolina Massanhi

Arte e digital Mônica Landi (coord.)
Claudirene de Moura Santos Silva
Guilherme H. M. Salvador
Tiago Dela Rosa
Verônica Pivisan Reis

Planejamento e processos Clarissa Boraschi Maria (coord.)
Juliana Bojczuk Fermino
Kelli Priscila Pinto
Marília Cordeiro

Fernando Penteado
Tatiana dos Santos Romão

Novos projetos Laura Paraíso Buldrini Filogônio

Projeto gráfico Mônica Landi
Diagramação Setup Bureau
Revisão Lílian Moreira

Comunicação e MKT Carolina Bastos
Elaine Cristina da Silva
Capa IDÉE arte e comunicação
Produção gráfica Marli Rampim
Impressão e acabamento Bartira

Data de fechamento da edição: 4-12-2017

Dúvidas? Acesse www.editorasaraiva.com.br/direito

CL 604599 CAE 623613

Abreviaturas

ADCT	–	Ato das Disposições Constitucionais Transitórias
AgI	–	Agravo de Instrumento
Ap.	–	Apelação
art.	–	artigo
CC	–	Código Civil
cf.	–	conferir
CF	–	Constituição Federal
CLT	–	Consolidação das Leis do Trabalho
CP	–	Código Penal
CPC	–	Código de Processo Civil
CSM	–	Conselho Superior da Magistratura
Dec.-Lei	–	Decreto-Lei
Des.	–	Desembargador
DOU	–	*Diário Oficial da União*
ECA	–	Estatuto da Criança e do Adolescente
FGTS	–	Fundo de Garantia do Tempo de Serviço
j.	–	julgado
JSTF	–	*Jurisprudência do Supremo Tribunal Federal*
LD	–	Lei do Divórcio
LRP	–	Lei dos Registros Públicos
Min.	–	Ministro
n.	–	número(s)
p.	–	página(s)
p. ex.	–	por exemplo

Prov. – Provimento
RDCiv – *Revista de Direito Civil*
Rel. – Relator
REsp – Recurso Especial
RF – *Revista Forense*
RJTJSP – *Revista de Jurisprudência do Tribunal de Justiça de São Paulo*
RSTJ – *Revista do Superior Tribunal de Justiça*
RT – *Revista dos Tribunais*
RTJ – *Revista Trimestral de Jurisprudência*
s. – seguintes
STF – Supremo Tribunal Federal
STJ – Superior Tribunal de Justiça
TJSP – Tribunal de Justiça de São Paulo
v. – *vide*

Índice

Título I
DO DIREITO PESSOAL

Subtítulo I
DO CASAMENTO

Capítulo I
DISPOSIÇÕES GERAIS

1 INTRODUÇÃO

O direito de família divide-se em quatro partes: direito pessoal, direito patrimonial, união estável e tutela e curatela. O casamento figura como Subtítulo I do direito pessoal.

Casamento é a união legal entre duas pessoas, com o objetivo de constituírem a família legítima. Reconhece-se-lhe o efeito de estabelecer "comunhão plena de vida, com base na igualdade de direitos e deveres dos cônjuges" (CC, art. 1.511). Como complemento, surge a norma protetiva do art. 1.513: "É defeso a qualquer pessoa, de direito público ou privado, interferir na comunhão de vida instituída pela família". União legal é aquela celebrada com observância das formalidades exigidas na lei. Só podia ocorrer entre um homem e uma mulher, porque o casamento entre pessoas do mesmo sexo não era permitido. Até há pouco tempo, era considerado inexistente, assim como o é aquele em que os nubentes não manifestam o consentimento. O requisito da diferença de sexos, todavia, foi afastado pelo Superior Tribunal de Justiça, que reconheceu expressamente as uniões homoafetivas como entidades familiares (REsp 1.183.378-RS). Ao proclamar que o casamento estabelece "comunhão plena de vida", refere-se o Código à existência de uma comunhão de vidas sob o aspecto patrimonial e espiritual.

O casamento cria a família legítima. A união estável, reconhecida pela Constituição Federal e pelo Código Civil (art. 1.723) como entidade familiar, pode ser chamada de família natural. Quando formada por somente um dos pais e seus filhos, denomina-se família monoparental (CF, art. 226, § 4º).

Há, na doutrina, uma tendência de ampliar o conceito de família para abranger situações não mencionadas pela Constituição Federal. Fala-se, assim, em: a) Família natural ou matrimonial: decorrente do casamento; b) Família informal: decorrente da união estável; c) Família monoparental: constituída por um dos genitores com seus filhos; d) Família anaparental: constituída somente pelos filhos; e) Família homoafetiva: formada por pessoas do mesmo sexo; f) Família eudemonista: caracterizada pelo vínculo afetivo.

A Lei n. 12.010, de 2009 (Lei da Adoção) conceitua família extensa "aquela que se estende para além da unidade pais e filhos ou da unidade do casal, formada por parentes próximos com os quais a criança ou o adolescente convive e mantém vínculos de afinidade e afetividade".

Quanto à natureza jurídica, o casamento, na concepção clássica, também chamada de individualista, é uma relação puramente contratual, resultante de um acordo de vontades, como acontece nos contratos em geral. A doutrina institucionalista, também denominada supraindividualista, sustenta que o casamento é uma grande instituição social, a ela aderindo os que se casam. A terceira corrente, a eclética, constitui uma fusão das anteriores, pois considera o casamento um ato complexo: um contrato especial, do direito de família, mediante o qual os nubentes aderem a uma instituição pré-organizada, alcançando o estado matrimonial.

Dentre as diversas inovações trazidas pelo atual Código Civil destacam-se as seguintes: a) gratuidade da celebração do casamento e, com relação à pessoa cuja pobreza for declarada sob as penas da lei, também da habilitação, do registro e da primeira certidão (art. 1.512); b) regulamentação e facilitação do registro civil do casamento religioso (art. 1.516); c) redução da capacidade do homem para casar para dezesseis anos (art. 1.517); d) previsão somente dos impedimentos ou dirimentes absolutos, reduzindo-se o rol (art. 1.521); e) tratamento das hipóteses de impedimentos relativamente dirimentes do Código Civil de 1916 não mais como impedimentos, mas como casos de invalidade relativa do casamento (art. 1.550); f) substituição dos antigos impedimentos impedientes ou meramente proibitivos pelas causas suspensivas (art. 1.523); g) exigência de homologação da habilitação para o casamento pelo juiz (art. 1.526), limitada, posteriormente, pela Lei n. 12.133, de 17-12-2009, aos casos em que tenha havido impugnação do oficial, do Ministério Público ou de terceiro; h) casamento por procuração mediante instrumento público, com validade restrita a noventa dias; i) consolidação da igualdade dos cônjuges, aos quais compete a direção da sociedade conjugal, com o desaparecimento da figura do chefe de família (arts. 1.565 e 1.567); j) oficialização do termo sobrenome e possibilidade de adoção do utilizado pelo outro por qualquer dos nubentes (art. 1.565, § 1º).

2 DA CAPACIDADE PARA O CASAMENTO E DO PROCESSO DE HABILITAÇÃO

Interessa ao Estado que as famílias se constituam regularmente. Por isso, cerca o casamento de um verdadeiro ritual, exigindo o cumprimento de uma série de formalidades. As formalidades preliminares dizem respeito ao processo de habilitação, que se desenvolve perante o oficial do Registro Civil (CC, art. 1.526, com a redação dada pela Lei n. 12.133, de 17-12-2009). Destina-se a constatar a capacidade para o casamento, a inexistência de impedimentos matrimoniais e a dar publicidade à pretensão dos nubentes.

2.1. O PROCEDIMENTO

Os noivos devem requerer a instauração do referido processo no cartório de seu domicílio. Se domiciliados em municípios ou distritos diversos, processar-se-á o pedido perante o Cartório do Registro Civil de qualquer deles, mas o edital será publicado em ambos. O oficial afixará os proclamas em lugar ostensivo de seu cartório e fará publicá-los pela imprensa local, se houver. A habilitação será feita pessoalmente perante o oficial do Registro Civil, com a audiência do Ministério Público, que poderá requerer a juntada de documentos ou alguma outra providência. Caso haja impugnação do oficial, do Ministério Público ou de terceiro, a habilitação será submetida ao juiz (CC, art. 1.526, *caput* e parágrafo único, com a redação dada pela Lei n. 12.133, de 17-12-2009).

Decorrido o prazo de quinze dias a contar da afixação do edital em cartório (e não da publicação na imprensa), o oficial entregará aos nubentes certidão de que estão habilitados a se casar dentro de noventa dias, sob pena de perda de sua eficácia. Vencido esse prazo, será necessária nova habilitação, porque pode ter surgido algum impedimento que inexistia antes da publicação dos proclamas. Havendo urgência, tal publicação pode ser dispensada, a critério do juiz, pois a lei não define qual seria o motivo de urgência (LRP, art. 69; CC, art. 1.527, parágrafo único).

Dispõe o art. 1.512 do Código Civil que "o casamento é civil e gratuita a sua celebração", acrescentando o parágrafo único que "a habilitação para o casamento, o registro e a primeira certidão serão isentos de selos, emolumentos e custas, para as pessoas cuja pobreza for declarada, sob as penas da lei".

2.2. DOCUMENTOS NECESSÁRIOS

2.2.1. CERTIDÃO DE NASCIMENTO OU DOCUMENTO EQUIVALENTE

O primeiro documento exigido é a certidão de nascimento ou documento equivalente (CC, art. 1.525, I). Este pode ser a cédula de identidade ou o título de eleitor, por exemplo. Admite-se também a justificação de idade, prevista no art. 68 da Lei dos Registros Públicos. Tal justificação, entretanto, não tem sido utilizada, porque se admite, hoje, o registro tardio, que cumpre ao interessado providenciar.

A certidão de nascimento destina-se a comprovar, em primeiro lugar, que os nubentes atingiram a idade mínima para o casamento. Os que ainda não completaram dezesseis anos de idade poderão, no entanto, casar-se para evitar imposição ou cumprimento de pena criminal ou em caso de gravidez (CC, art. 1.520), em crime contra os costumes, requerendo ao juiz o suprimento de idade. Todavia, a Lei n. 11.106, de 28 de março de 2005, revogou, além de outros dispositivos, o inciso VII do art. 107 do Código Penal. Em consequência, o casamento deixou de evitar a imposição ou o cumprimento de pena criminal, nos crimes contra os costumes de ação penal pública. Na hipótese de gravidez, prescinde-se de eventual cometimento de crime. Pode ela resultar de relacionamento sexual consentido ou mesmo de inseminação artificial autorizada pelo nubente. Objetiva-se, com a antecipação da capacidade para o casamento, nesse caso, proteger a prole vindoura. Se o casamento se realizou sem autorização judicial, a gravidez constitui fato obstativo da anulação do casamento por motivo de idade, como preceitua o art. 1.551 do Código Civil.

No entanto, a idade núbil não é o único pressuposto da capacidade matrimonial. Dispunha, com efeito, o art. 1.548, I, do Código Civil, que é nulo o casamento contraído "pelo enfermo mental sem o necessário discernimento para os atos da vida civil". Não poderia o alienado mental casar-se, ainda que o ato se realizasse no momento em que aparentava certa lucidez. A capacidade mental é aferida no momento mesmo da celebração do ato. A Lei n. 13.146, de 6 de julho de 2015, que instituiu a Lei Brasileira de Inclusão de Pessoa com Deficiência, revogou expressamente o aludido art. 1.548, I, do Código Civil, que se limita, agora, a declarar nulo o casamento contraído "por infringência de impedimento". Desse modo, eventual deficiência mental ou intelectual, por si, não afastam a capacidade civil das pessoas, salvo se, em decorrência delas, não puderem exprimir sua vontade (CC, art. 4º, III). Anote-se que o art. 6º da mencionada Lei n. 13.146/2015 dispõe que a deficiência não afeta a plena capacidade civil da pessoa, inclusive para "a) casar-se e constituir união estável...". E o § 2º do art. 1.550 do Código Civil, introduzido pela aludida lei, proclama: "A pessoa com deficiência mental ou intelectual em idade núbil poderá contrair matrimônio, expressando sua vontade diretamente ou por meio de seu responsável ou curador".

Diversamente do Código Civil de 1916, o atual não contempla a possibilidade de o juiz ordenar a separação de corpos até que os cônjuges alcancem a idade legal. Contudo, poderá dispensar os proclamas, ouvindo separadamente os contraentes (LRP, art. 69, § 1º). Suprida a idade de um dos nubentes, ou de ambos, o casamento será realizado no regime da separação de bens (CC, art. 1.641, III). Mesmo que o noivo tenha idade inferior a dezesseis anos, admite-se o suprimento de idade, dele somente ou de ambos, embora não esteja sujeito às penas do Código Penal. Interpreta-se o art. 1.520 de modo benévolo, porque há um interesse social na realização desses casamentos. Assim, a expressão "pena criminal" abrange qualquer espécie de sanção de caráter criminal, ainda que prevista no Estatuto da Criança e do Adolescente. Somente não se admite o suprimento de idade do noivo menor de dezesseis anos quando a noiva já atingiu ou ultrapassou a idade de dezoito anos, se por esse motivo o fato for atípico.

Examinando a certidão de nascimento, o oficial do registro civil apura, também, se os noivos têm mais de setenta anos de idade. Basta que um deles tenha ultrapassado esse limite para que o casamento seja realizado obrigatoriamente no regime da separação de bens (art. 1.641, II).

2.2.2. AUTORIZAÇÃO DAS PESSOAS SOB CUJA DEPENDÊNCIA LEGAL ESTIVEREM, OU ATO JUDICIAL QUE A SUPRA

Pela certidão de nascimento o oficial verifica, também, se os nubentes atingiram a maioridade. Se ainda não completaram dezoito anos de idade, devem apresentar a autorização, por escrito, dos pais ou tutores, ou prova do ato judicial que a supra ou da emancipação. É mister o consentimento de ambos os pais (CC, art. 1.517). Se não forem casados, bastará o consentimento do que houver reconhecido o menor, ou, se este não for reconhecido, o consentimento materno. Se o marido se encontra desaparecido há vários anos, pode a mulher, justificando judicialmente o fato por testemunhas (LRP, art. 68), ser autorizada a, sozinha, dar validamente o consentimento. A anuência dos pais, tutores e curadores pode ser revogada até a celebração do casamento (CC, art. 1.518).

Preceitua o parágrafo único do art. 1.517 do Código Civil que, em caso de divergência entre os pais, aplica-se o disposto no parágrafo único do art. 1.631, que assegura a qualquer dos genitores o direito de recorrer ao juiz para solução do desacordo verificado no exercício do poder familiar. Tal regra é resultante da isonomia conjugal consagrada na atual Constituição, colocando marido e mulher em pé de igualdade, não mais prevalecendo a vontade paterna. A solução deve ser dada pelo juiz competente.

O pródigo não figura no rol das pessoas impedidas de casar, nem o seu estado constitui causa suspensiva ou de anulabilidade do casamento, mesmo porque a sua interdição acarreta apenas incapacidade para cuidar de seu patrimônio. Todavia o inciso II do art. 1.525 do Código Civil exige a autorização por escrito do seu curador. Para a lavratura do pacto antenupcial deverá ser assistido pelo curador, tendo em vista a possibilidade de tal ato acarretar a transferência de bens de seu patrimônio ao cônjuge, conforme o regime de bens adotado. A surdo-mudez deixou de ser causa autônoma de incapacidade. As pessoas surdas-mudas são consideradas plenamente capazes (Lei n. 13.146/2016, arts. 6º e 84), salvo se não puderem exprimir sua vontade (CC, art. 4º, III).

Se o pai, tutor ou curador não autorizar o casamento, o interessado poderá requerer o suprimento judicial do consentimento, quando injusta a denegação (CC, art. 1.519). Se o pedido for deferido, será expedido alvará, a ser juntado no processo de habilitação, e o casamento celebrado no regime da separação de bens (art. 1.641, III).

O procedimento para o suprimento judicial do consentimento dos representantes legais é o previsto para a jurisdição voluntária (CPC, art. 719 e s.). Para viabilizar o pedido, admite-se que o menor púbere outorgue procuração a advogado, sem assistência de seu representante legal, em razão da evidente colidência de interesses e por tratar-se de procedimento de jurisdição voluntária. Comumente, no entanto, o próprio representante do Ministério Público encarrega-se de requerer ao juiz a nomeação de advogado dativo para o menor. Da decisão proferida pelo juiz cabe recurso de apelação para a instância superior. Como o art. 496 do Código de Processo Civil de 2015 não incluiu tal situação nas hipóteses de reexame necessário, esse recurso é o voluntário, com efeito suspensivo.

2.2.3. DECLARAÇÃO DE DUAS PESSOAS MAIORES, PARENTES OU NÃO, QUE ATESTEM CONHECER OS NUBENTES E AFIRMEM NÃO EXISTIR IMPEDIMENTO

Destina-se a completar a identificação dos contraentes e reforçar a prova da inexistência de impedimentos para a realização do casamento.

2.2.4. DECLARAÇÃO DO ESTADO CIVIL, DO DOMICÍLIO E DA RESIDÊNCIA DOS CONTRAENTES E DE SEUS PAIS, SE FOREM CONHECIDOS

O documento, que recebe a denominação de memorial, destina-se a uma perfeita identificação dos nubentes e deve ser assinado por eles.

2.2.5. CERTIDÃO DE ÓBITO DO CÔNJUGE FALECIDO, DA ANULAÇÃO DO CASAMENTO ANTERIOR OU DO REGISTRO DA SENTENÇA DE DIVÓRCIO

O viúvo deve provar o seu estado com a certidão de óbito do cônjuge falecido. Se o assento do óbito, entretanto, não foi lavrado porque o corpo desapareceu em naufrágio, inundação, incêndio, terremoto ou qualquer outra catástrofe, tal certidão pode ser substituída por sentença obtida em declaração da morte presumida, sem decretação de ausência (CC, art. 7º) ou em justificação judicial requerida perante juiz togado (LRP, art. 88). Tais procedimentos não se confundem com a declaração de ausência de pessoas que deixam o seu domicílio sem dar notícia de seu paradeiro, porque nesse caso não se declara a morte do ausente, e o seu cônjuge não poderá casar-se, salvo se obtiver o divórcio ou estiverem preenchidos os requisitos para a abertura da sucessão definitiva (CC, arts. 6º e 37), que dissolve a sociedade conjugal (art. 1.571, § 1º). Nos casos de nulidade ou anulação do casamento, deverá ser juntada certidão do trânsito em julgado da sentença. Se um dos cônjuges for divorciado, não bastará a certidão do trânsito em julgado da sentença que decretou o divórcio: é preciso juntar certidão do registro dessa sentença no Cartório do Registro Civil onde o casamento se realizou, porque somente com esse registro produzirá efeitos (CC, art. 10, I; Lei n. 6.515/77, art. 32).

Quadro sinótico – Do casamento

1. Casamento	Conceito	Casamento é a união legal entre duas pessoas, com o objetivo de constituírem uma família. Reconhece-se-lhe o efeito de estabelecer "comunhão plena de vida, com base na igualdade de direitos e deveres dos cônjuges" (CC, art. 1.511). A união estável, reconhecida pela CF e pelo CC (art. 1.723) como entidade familiar, pode ser chamada de família natural. Quando formada por somente um dos pais e seus filhos, denomina-se família monoparental (CF, art. 226, § 4º).
2. Natureza jurídica	a) teoria clássica	Também chamada de individualista, considera o casamento uma relação puramente contratual, resultante de um acordo de vontades, como acontece nos contratos em geral.
	b) teoria institucionalista	Também denominada supraindividualista, sustenta que o casamento é uma grande instituição social, a ela aderindo os que se casam.
	c) teoria eclética	Constitui uma fusão das anteriores, pois considera o casamento um ato complexo: um contrato especial, do direito de família, mediante o qual os nubentes aderem a uma instituicão pré-organizada, alcançando o estado matrimonial.
3. Processo de habilitação	O procedimento	Os noivos devem requerer a instauração do referido processo no cartório de seu domicílio. Se domiciliados em municípios diversos, processar-se-á o pedido perante o cartório do registro civil de qualquer deles, mas o edital será publicado em ambos. O oficial afixará os proclamas em lugar ostensivo de seu cartório e fará publicá-los pela imprensa local, se houver. É necessária a audiência do MP. A habilitação só será submetida ao juiz se houver impugnação (CC, art. 1.526, com a redação dada pela Lei n. 12.133, de 17-12-2009).
	Autorização para o casamento	Decorrido o prazo de 15 dias, a contar da afixação do edital em cartório, o oficial, se não houver oposição de impedimentos matrimoniais, entregará aos nubentes certidão de que estão habilitados a se casar dentro de 90 dias, sob pena de perda de sua eficácia.

3. Processo de habilitação	Documentos necessários (art. 1.525)	**a)** Certidão de nascimento ou documento equivalente. **b)** Autorização das pessoas sob cuja dependência legal estiverem, ou ato judicial que a supra. Se o pai, tutor ou curador não autorizar o casamento, o interessado poderá requerer o suprimento judicial do consentimento, quando injusta a denegação (CC, art. 1.519). **c)** Declaração de duas testemunhas maiores, parentes ou não, que atestem conhecê-los e afirmem não existir impedimento que os iniba de casar. **d)** Declaração do estado civil, do domicílio e da residência atual dos contraentes e de seus pais, se forem conhecidos. **e)** Certidão de óbito do cônjuge falecido, de sentença declaratória de nulidade ou de anulação de casamento, transitada em julgado, ou do registro da sentença de divórcio.

Capítulo II

DOS IMPEDIMENTOS

3 INTRODUÇÃO

Os requisitos essenciais do casamento, tradicionalmente, são: diferença de sexo, consentimento e celebração na forma da lei. Até há pouco tempo, faltando qualquer deles, o casamento era considerado inexistente. Todavia, como já mencionado, o Superior Tribunal de Justiça reconheceu as uniões entre pessoas do mesmo sexo (homoafetivas) como entidades familiares. Porém, outros requisitos devem ser observados para a validade e regularidade do casamento. Visam estes, cujo número restringe-se a sete, evitar uniões que possam, de algum modo, ameaçar a ordem pública. A sua inobservância fulmina de nulidade o ato. Era bem diversa a disciplina do Código Civil de 1916, que enumerava, no art. 183, dezesseis impedimentos, classificados em: a) absolutamente dirimentes (incisos I a VIII), que geravam a nulidade do casamento; b) relativamente dirimentes (incisos IX a XII), que objetivavam impedir prejuízos aos nubentes e geravam a anulabilidade da união; c) proibitivos ou meramente impedientes (incisos XIII a XVI), que visavam obstar a realização de casamentos que poderiam prejudicar interesses de terceiros. Não observados, o casamento se considerava irregular, mas não era invalidado: apenas impunha-se uma sanção aos noivos, qual seja, o casamento era considerado realizado no regime da separação de bens.

O atual Código considera impedimentos apenas os dirimentes absolutos, ou seja, os que visam evitar uniões que possam, de algum modo, ameaçar a ordem pública, resultantes de circunstâncias ou fatos impossíveis de serem supridos ou sanados. As hipóteses de impedimentos relativamente dirimentes do Código Civil de 1916, como a falta de idade mínima para casar e a ausência de autorização por seu representante legal, foram deslocadas para o capítulo relativo à invalidade do casamento, como causas de anulabilidade. Em regra, a falta ou insuficiência da capacidade de consentir torna anulável (CC, art. 1.550, III e IV) ou nulo o casamento (art. 1.548, I), dependendo da graduação do defeito da manifestação da vontade. E, por fim, as quatro últimas hipóteses enumeradas no art. 183 do Código Civil de 1916 são tratadas no atual diploma como causas suspensivas, que não impedem, mas afirmam que não devem casar as pessoas que se encontrarem temporariamente nas circunstâncias mencionadas no art. 1.523.

Não se deve confundir impedimento com incapacidade. O incapaz não pode casar-se com nenhuma pessoa, porque há um obstáculo intransponível. É o que acontece, por exemplo, com um menor de oito anos de idade. O impedido apenas não está legitimado a casar com determinada pessoa (ex.: ascendente com descendente), mas pode fazê-lo com outra pessoa. É problema de falta de legitimação.

Os impedimentos visam preservar a eugenia (pureza da raça) e a moral familiar, obstando a realização de casamentos entre parentes consanguíneos, por afinidade e adoção (CC, art. 1.521, I a V), a monogamia (art. 1.521, VI), não permitindo o casamento de pessoas já casadas, e evitar uniões que tenham raízes no crime (art. 1.521, VII). Distribuem-se em três categorias, conforme a enumeração do art. 1.521, I a VII: a) impedimentos resultantes do parentesco (incisos I a V), que se subdividem em impedimentos de consanguinidade (entre ascendentes e descendentes e entre colaterais até o terceiro grau – incisos I e IV), impedimento de afinidade (que abrange os afins em linha reta – inciso II), e os impedimentos de adoção (incisos III e V); b) impedimento resultante de casamento anterior (inciso VI); c) impedimento decorrente de crime (inciso VII).

4 IMPEDIMENTOS RESULTANTES DO PARENTESCO (CONSANGUINIDADE, AFINIDADE E ADOÇÃO)

a) Consanguinidade – Não podem casar: "I – os ascendentes com os descendentes, seja o parentesco natural ou civil (...); IV – os irmãos, unilaterais ou bilaterais, e demais colaterais, até o terceiro grau inclusive" (CC, art. 1.521, I e IV).

Andou bem o legislador em não se referir, como o fazia o Código de 1916, ao parentesco e à filiação legítima e ilegítima, discriminação esta proibida pelo art. 227, § 6º, da Constituição de 1988. O Código Civil não admite núpcias incestuosas. O casamento entre parentes consanguíneos próximos pode provocar o nascimento de filhos defeituosos. O impedimento revela, pois, preocupação de natureza eugênica. Não importa se se trata de descendente havido do matrimônio ou não. O impedimento resultante do parentesco civil, existente entre adotante e adotado (CC, art. 1.593), é justificado pelo fato de a adoção imitar a família. Inspira-se, pois, em razões de moralidade familiar.

Os irmãos são parentes colaterais em segundo grau porque descendem de um tronco comum, e não um do outro, e porque a contagem é feita subindo de um deles até o tronco comum (um grau) e descendo pela outra linha, até encontrar o outro irmão (mais um grau). O impedimento alcança os irmãos havidos ou não de casamento, sejam unilaterais ou bilaterais (que têm o mesmo pai e a mesma mãe, também denominados germanos). Os primeiros podem ser irmãos somente por parte de mãe (uterinos) ou somente por parte do pai (consanguíneos). Tios e sobrinhos são colaterais de terceiro grau, impedidos de casar. O Decreto-Lei n. 3.200/41 permite, entretanto, tal casamento, desde que se submetam ao exame pré-nupcial (cuja realização, por dois médicos nomeados pelo juiz, deve ser requerida no processo de habilitação) e o resultado seja-lhes favorável. Primos podem casar-se porque são colaterais de quarto grau.

b) Afinidade – Não podem casar: "II – os afins em linha reta" (CC, art. 1.521, II). Parentesco por afinidade é o que liga um cônjuge ou companheiro aos parentes do outro (CC, art. 1.595). Resulta, pois, do casamento ou da união estável. A proibição refere-se apenas à linha reta. Dissolvido o casamento ou a união estável que deu origem ao aludido parentesco, o viúvo não pode casar-se com a enteada, nem com a sogra, porque a afinidade em linha reta não se extingue com a dissolução do casamento que a originou (CC, art. 1.595, § 2º). A afinidade na linha colateral não constitui empecilho ao casamento. Assim, o cônjuge viúvo ou divorciado pode casar-se com a cunhada. Tendo em vista que o art. 1.595 do Código Civil de 2002 incluiu o companheiro no rol dos parentes por afinidade, não pode ele, dissolvida a união estável, casar-se com a filha de sua ex-companheira.

c) Adoção – Não podem casar: "III – o adotante com quem foi cônjuge do adotado e o adotado com quem o foi do adotante (...); V – o adotado com o filho do adotante" (CC, art. 1.521, III e V). A razão é de ordem moral, considerando o respeito e a confiança que devem reinar no seio da família. A adoção imita a família. No caso do inciso V, os contraentes encontram-se na posição de irmãos. Foi retirada do texto a expressão "filho superveniente ao pai ou à mãe", que tanta controvérsia gerou na vigência do Código Civil de 1916, pois o impedimento decorre do parentesco existente entre irmãos. Na realidade os mencionados incisos III e V do art. 1.521 do atual Código Civil seriam até dispensáveis se considerarmos que a Constituição Federal proíbe qualquer discriminação ou diferença de tratamento entre os filhos, seja o parentesco natural ou resultante da adoção. Desse modo não era preciso afirmar que o adotante não pode casar "com quem foi cônjuge do adotado", pois se trata de parentes por afinidade na linha reta, impedidos de se casar por força do disposto no inciso II do referido dispositivo legal. Da mesma forma mostra-se desnecessária a referência a impedimentos entre o adotado e o filho do adotante, pelo fato de que são irmãos, como proclama a Constituição Federal, enquadráveis no inciso IV já mencionado.

5 IMPEDIMENTO RESULTANTE DE CASAMENTO ANTERIOR

Não podem casar: "VI – as pessoas casadas" (CC, art. 1.521, VI). Procura-se, assim, combater a poligamia e prestigiar a monogamia, sistema que vigora nos países em que domina a civilização cristã. O impedimento só desaparece após a dissolução do anterior vínculo matrimonial pela morte, anulação, divórcio ou morte presumida do ausente (art. 1.571, § 1º). O casamento religioso anterior não constitui impedimento.

6 IMPEDIMENTO DECORRENTE DE CRIME

Não podem casar: "VII – o cônjuge sobrevivente com o condenado por homicídio ou tentativa de homicídio contra o seu consorte" (CC, art. 1.521, VII). Trata-se de *impedimentum criminis*. O dispositivo, malgrado não tenha feito nenhuma distinção, abrange somente o homicídio doloso, como é da tradição de nosso direito. Não se reclama que o outro seja conivente ou esteja conluiado com o autor do conjugicídio, mas exige-se que tenha havido condenação. Se ocorreu absolvição ou extinção da punibilidade, não se configura o impedimento. O impedimento obsta também que os impedidos de se casar passem a viver, legalmente, em união estável, pois o art. 1.723, § 1º, do Código Civil proclama que "a união estável não se constituirá se ocorrerem os impedimentos do art. 1.521". O atual Código não contempla o impedimento relativo ao casamento do cônjuge adúltero com o seu cúmplice por tal condenado, previsto no diploma de 1916.

Capítulo III

DAS CAUSAS SUSPENSIVAS

São determinadas circunstâncias capazes de suspender a realização do casamento, mas que não provocam, quando infringidas, a sua nulidade ou anulabilidade. O casamento é apenas considerado irregular, tornando, porém, obrigatório o regime da separação de bens (CC, art. 1.641, I) como sanção imposta ao infrator. Visam proteger interesses de terceiros, em geral da prole (herdeiros) do leito anterior (evitando a confusão de patrimônios e de sangue), do ex-cônjuge e da pessoa influenciada pelo abuso de confiança ou de autoridade exercido pelo outro (tutela e curatela). Podem, por isso, deixar de ser aplicadas pelo juiz, provando-se a inexistência de prejuízo para essas pessoas (CC, art. 1.523 e parágrafo único).

7 CONFUSÃO DE PATRIMÔNIOS

Para evitá-la, não devem casar "o viúvo ou a viúva que tiver filho do cônjuge falecido, enquanto não fizer inventário dos bens do casal e der partilha aos herdeiros" (CC, art. 1.523, I). Com a partilha, definem-se os bens que comporão o quinhão dos filhos do casamento anterior, evitando a referida confusão. No Código Civil de 1916, o cônjuge sofria a perda do direito ao usufruto dos bens dos filhos do primeiro casamento. Era o único impedimento impediente em que havia dupla sanção ao infrator: perda do referido usufruto e a imposição do regime da separação de bens. Somente esta última sanção é prevista no atual diploma, que considera o fato mera causa suspensiva do casamento, restrição esta menor que o impedimento. Entretanto, há outra sanção, prevista no Livro do Direito das Coisas: a incidência da hipoteca legal em favor dos "filhos, sobre os imóveis do pai ou da mãe que passar a outras núpcias, antes de fazer o inventário do casal anterior" (art. 1.489, II). O óbice não desaparece com o fato de haver sido iniciado o inventário. A lei exige mais: que haja partilha julgada por sentença. Se o cônjuge falecido não tiver deixado algum filho, inexistirá a restrição, assim como, ainda que tenha deixado algum, se o casal não tiver bens a partilhar. Por essa razão, admitem os juízes, embora não prevista no Código de Processo Civil, a realização do inventário negativo, instruído com certidão negativa de bens, cuja única finalidade é comprovar a inexistência da causa suspensiva em questão.

Para também evitar confusão de patrimônios, o novel legislador estabeleceu previsão específica de causa suspensiva de casamento para "o divorciado, enquanto não houver sido homologada ou decidida a partilha dos bens do casal" (CC, art. 1.523, III). Procura-se evitar controvérsia a respeito dos bens comuns na hipótese de novo casamento de um dos divorciados, em face do regime de bens adotado. Contudo, a restrição será afastada, provando-se a inexistência de prejuízo para o ex-cônjuge (art. 1.523, parágrafo único).

8 CONFUSÃO DE SANGUE (*TURBATIO SANGUINIS*)

Não devem casar "a viúva, ou a mulher cujo casamento se desfez por ser nulo ou ter sido anulado, até dez meses depois do começo da viuvez, ou da dissolução da sociedade conjugal" (CC, art. 1.523, II). Trata-se de causa suspensiva que se impõe somente à mulher. O objetivo é evitar dúvida sobre a paternidade (*turbatio sanguinis*). Não persiste se a nubente provar "nascimento de filho, ou inexistência de gravidez, na fluência do prazo", segundo proclama o parágrafo único, última parte, do referido art. 1.523. Contudo, deve-se admitir também a inexistência da mencionada restrição se houver aborto ou se a gravidez for evidente quando da viuvez ou da anulação do casamento. Igualmente, se o casamento anterior foi anulado por impotência *coeundi* ou quando resulta evidente das circunstâncias a impossibilidade física de coabitação entre os cônjuges.

9 TUTELA E CURATELA

Não devem casar "o tutor ou o curador e os seus descendentes, ascendentes, irmãos, cunhados ou sobrinhos, com a pessoa tutelada ou curatelada, enquanto não cessar a tutela ou curatela, e não estiverem saldadas as respectivas contas" (CC, art. 1.523, IV). Trata-se de causa suspensiva destinada a afastar a coação moral que possa ser exercida por pessoa que tem ascendência e autoridade sobre o ânimo do incapaz. Perdura enquanto viger a tutela ou curatela e enquanto não pagas e quitadas as respectivas contas. Estas devem ser prestadas em juízo. A restrição, entretanto, não é absoluta. Pode ser afastada provando-se a inexistência de prejuízo para a pessoa tutelada ou curatelada (art. 1.523, parágrafo único).

10 OBSERVAÇÕES FINAIS

Inexistem outros impedimentos e outras causas de suspensão do casamento. Anote-se que o art. 7º, § 1º, da Lei de Introdução às Normas do Direito Brasileiro dispõe que, "realizando-se o casamento no Brasil, será aplicada a lei brasileira quanto aos impedimentos dirimentes e às formalidades da celebração". Assim, quanto às causas suspensivas, levar-se-á em conta o estatuto pessoal. Não se aplicará, por exemplo, a sanção do art. 1.641, I, do Código Civil, que impõe o regime da separação de bens, a cônjuge estrangeiro, em cuja lei nacional inexista semelhante penalidade.

11 OPOSIÇÃO DOS IMPEDIMENTOS E DAS CAUSAS SUSPENSIVAS

Tanto os impedimentos quanto as causas suspensivas devem ser opostos em declaração escrita e assinada, instruída com as provas do fato alegado. Se não puder fazê-lo, indicará o opoente o lugar onde possam ser obtidas (CC, art. 1.529). A habilitação ou a celebração serão imediamente suspensas e só prosseguirão depois do julgamento favorável aos nubentes (LRP, art. 67, § 5º).

O Código Civil tratou de modo diferente os impedimentos e as causas suspensivas do casamento. Os primeiros (CC, art. 1.521, I a

VII) podem ser opostos no processo de habilitação e "até o momento da celebração do casamento, por qualquer pessoa capaz" (CC, art. 1.522). O juiz e o oficial de registro, conhecendo da existência de algum impedimento, têm a obrigação de declará-lo de ofício (art. 1.522, parágrafo único). Se, malgrado o impedimento, o casamento se realizar, poderá ser decretada a sua nulidade, a qualquer tempo, por iniciativa de qualquer interessado ou do Ministério Público (CC, art. 1.549).

Quanto às causas suspensivas (CC, art. 1.523, I a IV), porém, como interessam apenas à família, a lei restringe a legitimação para a oposição aos parentes em linha reta e aos colaterais em segundo grau de um dos nubentes, sejam consanguíneos ou afins (CC, art. 1.524). Nem mesmo o Ministério Público pode alegá-las. Entende Pontes de Miranda que se deve admitir, também, a oposição do que fora casado com a mulher que quer novamente se casar antes dos trezentos dias, em caso de nulidade ou anulação de casamento, porque tal causa suspensiva (art. 183, XIV, do CC/1916, correspondente ao art. 1.523, II, do atual) tem por fim evitar a *turbatio sanguinis* (*Tratado de direito de família*, 3. ed., 1947, v. I, § 25, n. 4). Podem ser opostas por escrito e com as provas do fato alegado (CC, art. 1.529) somente no curso do processo de habilitação, até o decurso do prazo de quinze dias da publicação dos proclamas.

Quadro sinótico – Impedimentos e causas suspensivas

1. Conceito	— **Impedimento** é a falta dos requisitos exigidos pela lei para a validade e regularidade do casamento (CC, art. 1.521, I a VII). A sua inobservância fulmina o ato de nulidade. O Código Civil considera impedimentos apenas os dirimentes absolutos, ou seja, os que visam evitar uniões que possam ameaçar a ordem pública, resultantes de fatos impossíveis de serem supridos. — **Causas suspensivas** são determinadas circunstâncias capazes de suspender a realização do casamento, mas que não provocam, quando infringidas, a sua nulidade ou anulabilidade. O casamento é apenas considerado **irregular**, tornando, porém, obrigatório o regime da separação de bens (CC, art. 1.641, I) como sanção imposta ao infrator.

2. Impedimentos resultantes do parentesco	a) **Consanguinidade** – Não podem casar: "I – os ascendentes com os descendentes, seja o parentesco natural ou civil (...); IV – os irmãos, unilaterais ou bilaterais, e demais colaterais, até o terceiro grau inclusive" (CC, art. 1.521, I e IV). b) **Afinidade** – Não podem casar: "II – os afins em linha reta" (CC, art. 1.521, II). Parentesco por afinidade é o que liga um cônjuge ou companheiro aos parentes do outro (CC, art. 1.595). A proibição refere-se apenas à linha reta. c) **Adoção** – Não podem casar: "III – o adotante com quem foi cônjuge do adotado e o adotado com quem o foi do adotante (...); V – o adotado com o filho do adotante" (CC, art. 1.521, III e V). A razão é de ordem moral, considerando o respeito e a confiança que devem reinar no seio da família. A adoção imita a família.
3. Impedimento resultante de casamento anterior	Não podem casar: "VI – as pessoas casadas" (CC, art. 1.521, VI). O impedimento só desaparece após a dissolução do anterior vínculo matrimonial pela morte, anulação, divórcio ou morte presumida do ausente (CC, art. 1.571, § 1º). O casamento religioso anterior não constitui impedimento.
4. Impedimento decorrente de crime	Não podem casar: "VII – o cônjuge sobrevivente com o condenado por homicídio ou tentativa de homicídio contra o seu consorte" (CC, art. 1.521, VII). O dispositivo abrange somente o homicídio doloso, como é da tradição do nosso direito. Não se reclama que o outro esteja conluiado com o autor do conjugicídio, mas exige-se que tenha havido condenação.
5. Causas suspensivas	— Para evitar **confusão de patrimônios**, não devem casar "o viúvo ou a viúva que tiver filho do cônjuge falecido, enquanto não fizer inventário dos bens do casal e der partilha aos herdeiros" (CC, art. 1.523, I). — Para evitar **confusão de sangue** *(turbatio sanguinis)*, não devem casar "a viúva, ou a mulher cujo casamento se desfez por ser nulo ou ter sido anulado, até dez meses depois do começo da viuvez, ou da dissolução da sociedade conjugal" (CC, art. 1.523, II). Alcança somente a mulher. O objetivo é evitar dúvida sobre a paternidade. — Para impedir casamento de pessoas que se acham sob poder de outrem, não devem casar "o tutor ou o curador e os seus descendentes, ascendentes, irmãos, cunhados ou sobrinhos, com a pessoa tutelada ou curatelada, enquanto não cessar a tutela ou curatela, e não estiverem saldadas as respectivas contas" (CC, art. 1.523, IV).

<table>
<tr>
<td rowspan="3">6. Oposição</td>
<td>Forma</td>
<td colspan="2">Tanto os impedimentos quanto as causas suspensivas devem ser opostos em declaração escrita e assinada, instruída com as provas do fato alegado ou a indicação do lugar onde possam ser obtidas (CC, art. 1.529). A habilitação ou a celebração serão imediatamente suspensas e só prosseguirão depois do julgamento favorável aos nubentes.</td>
</tr>
<tr>
<td rowspan="2">Momento</td>
<td>Impedimentos</td>
<td>Podem ser opostos no processo de habilitação e “até o momento da celebração do casamento, por qualquer pessoa capaz” (CC, art. 1.522). O juiz e o oficial do registro têm a obrigação de declará-los de ofício.</td>
</tr>
<tr>
<td>Causas suspensivas</td>
<td>Como interessam apenas à família, a lei restringe a legitimação para a oposição aos parentes em linha reta e aos colaterais em segundo grau de um dos nubentes, sejam consanguíneos ou afins (CC, art. 1.524). Nem mesmo o MP pode alegá-las.</td>
</tr>
</table>

Capítulo IV

DA CELEBRAÇÃO DO CASAMENTO

12 FORMALIDADES

O casamento é cercado de um verdadeiro ritual, com significativa incidência de normas de ordem pública. Os nubentes, munidos da certidão de habilitação passada pelo oficial do registro, devem peticionar à autoridade que presidirá o ato, requerendo a designação do dia, hora e local de sua celebração. O local em geral é a sede do próprio cartório onde se processou a habilitação, mas pode ser escolhido outro, público ou particular, como clubes, salões de festas, templos religiosos, casa de um dos nubentes etc. É importante que as portas permaneçam abertas, a fim de possibilitar a oposição de eventuais impedimentos por qualquer pessoa. No tocante à hora, pode ser realizado durante o dia ou à noite, e em qualquer dia, inclusive aos domingos. A lei exige a presença de duas testemunhas, pelo menos, que podem ser parentes ou não dos contraentes. Se algum deles não souber ou não puder escrever, colher-se-ão as impressões digitais, e o número de testemunhas será aumentado para quatro, qualquer que seja o local em que se realize o ato. Também será aumentado para quatro se o casamento se realizar em edifício particular (CC, art. 1.534, §§ 1º e 2º). A presença dos nubentes deve ser simultânea.

A autoridade competente para celebrar casamentos, no Estado de São Paulo, enquanto não criados os juizados de paz mencionados na Constituição Federal e de caráter eletivo (arts. 98, II, e 30 do ADCT), é o juiz de casamentos do lugar em que se processou a habilitação. A lei de organização judiciária de cada Estado é que designa a referida autoridade. Em alguns Estados chama-se juiz de paz; em outros, o próprio juiz de direito é incumbido desse mister. No Estado de São Paulo, a nomeação do juiz de casamentos é feita pelo secretário da Justiça, que é auxiliar do governador. Cada município e cada circunscrição territorial tem o seu juiz de casamentos e dois suplentes. Trata-se de função não remunerada. Nas faltas ou nos impedimentos, tal autoridade será substituída somente por um dos suplentes nomeados (CC, art. 1.539, § 1º). O oficial do registro civil, nesses casos, será substituído por oficial *ad hoc*, nomeado pelo presidente do ato, o qual, nos casos de urgência e ausência do livro de registros, lavrará termo avulso, que será registrado no respectivo registro dentro em cinco dias, perante duas testemunhas, ficando arquivado (art. 1.539, § 2º).

13 CASAMENTO POR PROCURAÇÃO

O casamento pode ser celebrado mediante procuração, por instrumento público, que outorgue poderes especiais ao mandatário para receber, em nome do outorgante, o outro contraente (CC, art. 1.542), que deve ser nomeado e qualificado. Pode ser outorgada tanto a homem como a mulher para representar qualquer um dos nubentes. Se ambos não puderem comparecer, deverão nomear procuradores diversos. Como a procuração é outorgada para o mandatário receber, em nome do outorgante, o outro contraente, deduz-se que ambos não podem nomear o mesmo procurador, até porque há a obrigação legal de cada procurador atuar em prol dos interesses de seu constituinte, e pode surgir algum conflito de interesses.

O mandato pode ser revogado só por instrumento público e terá eficácia pelo prazo de noventa dias (CC, art. 1.542, §§ 3º e 4º). A revogação "não necessita chegar ao conhecimento do mandatário; mas, celebrado o casamento sem que o mandatário ou o outro contraente tivessem ciência da revogação, responderá o mandante por perdas e danos" (art. 1.542, § 1º). O casamento será anulável, desde que não sobrevenha coabitação entre os cônjuges, como prescreve o art. 1.550, V, do Código Civil.

14 MOMENTO DA CELEBRAÇÃO

A celebração do casamento obedece a formalidades essenciais (*ad solemnitatem*), que, se ausentes, tornarão o ato inexistente. A principal ocorre no momento em que o juiz pergunta aos nubentes, a um e após ao outro, se persistem no propósito de casar. A resposta, segundo o art. 1.535, deve ser pessoal e verbal, manifestada separada e sucessivamente, mas pode ser dada por escrito (como no caso do mudo) ou por gestos. O importante é que o consentimento seja inequívoco, por palavras, gestos ou escrito, podendo resumir-se ao "sim". O silêncio, nesse caso, não pode ser interpretado como manifestação de vontade. Não se admite também que o consentimento seja subordinado a condição ou termo. O estrangeiro pode valer-se de intérprete, caso não entenda bem o vernáculo. A celebração será imediatamente suspensa se algum dos contraentes recusar a solene afirmação da sua vontade, declarar que esta não é livre e espontânea ou manifestar-se arrependido (CC, art. 1.538, I a III). O nubente que, por algum desses fatos, der causa à suspensão do ato não será admitido a retratar-se no mesmo dia (art. 1.538, parágrafo único), ainda que declare tratar-se de simples gracejo. A intenção da lei é resguardar a vontade do nubente contra qualquer interferência. Será nulo (nulidade virtual) o casamento se a retratação for admitida no mesmo dia, por contrariar proibição expressa, constante de norma cogente (*RF*, 66:308).

Tendo os nubentes manifestado o consentimento de forma inequívoca, o juiz declarará efetuado o casamento, proferindo as seguintes palavras: "De acordo com a vontade que ambos acabais de afirmar perante mim, de vos receberdes por marido e mulher, eu, em nome da lei, vos declaro casados" (CC, art. 1.535). O Código Civil de 1916 tinha idêntico dispositivo. Entendiam alguns que somente após essa declaração poder-se-ia afirmar que o casamento estava realizado, pois não bastava o consentimento manifestado pelos noivos. Assim, para essa corrente, se um deles falecesse após o duplo consentimento, mas antes do pronunciamento do juiz, o outro permaneceria solteiro. Ambos permaneceriam solteiros, se falecesse o próprio juiz. Outros, no entanto, sustentavam que o casamento se aperfeiçoava com a manifestação de vontade dos nubentes, sendo o pronunciamento do juiz meramente declaratório. A presença deste seria fundamental, mas não sua declaração. Lembravam que, no casamento nuncupativo, o consentimento é manifestado perante seis testemunhas, por não haver tempo para procurar o juiz ou algum de seus suplentes.

Na verdade, a declaração do celebrante é essencial, como expressão do interesse do Estado na constituição da família, bem como do ponto de vista formal, destinada a assegurar a legitimidade da formação do vínculo matrimonial e conferir-lhe certeza. Sem ela, o casamento perante o nosso direito é inexistente. Pode-se afirmar, pois, que ele só se tem por concluído com a solene declaração do celebrante. Basta lembrar que a retratação superveniente de um dos nubentes, quando "manifestar-se arrependido" (CC, art. 1.538, III) após o consentimento e antes da referida declaração, acarreta a suspensão da solenidade. Tal fato demonstra que o casamento ainda não estava aperfeiçoado e que a manifestação de vontade dos nubentes só seria irretratável a partir da declaração do celebrante.

Qualquer dúvida que ainda pudesse existir foi afastada por expressa disposição do vigente Código Civil: "O casamento se realiza no momento em que o homem e a mulher manifestam, perante o juiz, a sua vontade de estabelecer vínculo conjugal, e o juiz os declara casados" (art. 1.514). Não basta, portanto, a declaração de vontade dos contraentes, mesmo porque podem arrepender-se ou sofrer oposição de impedimento (CC, arts. 1.522 e 1.538).

Logo depois de celebrado o casamento, lavrar-se-á assento no livro de registro, com os elementos referidos nos arts. 1.536 do Código Civil e 173 da Lei dos Registros Públicos. Tal assento destina-se a dar publicidade ao ato e, precipuamente, servir de prova de sua realização e do regime de bens. A lavratura do assento constitui formalidade *ad probationem tantum*, e não *ad solemnitatem*, pois ocorre depois que o casamento já está concluído e aperfeiçoado. A sua falta apenas dificultará a prova do ato, mas não o tornará inválido. Assim, o cônjuge que optou por adotar os apelidos do outro deve assiná-lo com o nome de casado.

Quadro sinótico – Da celebração do casamento

1. Formalidades essenciais *(ad solemnitatem)*	**a)** petição dos contraentes à autoridade competente, requerendo a designação de dia, hora e local da celebração do casamento (CC, art. 1.533); **b)** publicidade do ato nupcial, realizado a portas abertas (CC, art. 1.534); **c)** presença simultânea dos contraentes, em pessoa ou por procurador especial, das testemunhas, do oficial do registro e do juiz de casamentos (CC, art. 1.535);

1. Formalidades essenciais *(ad solemnitatem)*	**d)** afirmação dos nubentes de que pretendem casar por livre e espontânea vontade, sob pena de ser suspensa a celebração (CC, art. 1.538 e parágrafo único); **e)** declaração do presidente do ato, mediante fórmula sacramental (CC, art. 1.535), de que o casamento está aperfeiçoado.
2. Formalidade *ad probationem tantum*	Lavratura do assento no livro de registro, assinado pelo presidente do ato, pelos cônjuges, pelas testemunhas e pelo oficial do registro (CC, art. 1.536).
3. Casamento por procuração	O casamento pode ser celebrado mediante procuração, por **instrumento público**, que outorgue poderes especiais ao mandatário para receber, em nome do outorgante, o outro contraente (CC, art. 1.542). Se ambos não puderem comparecer, deverão nomear procuradores diversos. O mandato pode ser revogado só por instrumento público e terá eficácia pelo prazo de 90 dias (CC, art. 1.542, §§ 3º e 4º).
4. Momento da realização	O casamento "se realiza no momento em que o homem e a mulher manifestam, perante o juiz, a sua vontade de estabelecer vínculo conjugal, e o juiz os declara casados" (CC, art. 1.514). Não basta, portanto, a declaração de vontade dos contraentes, mesmo porque podem arrepender-se ou sofrer oposição de impedimento (CC, arts. 1.522 e 1.538).

Capítulo V

DAS PROVAS DO CASAMENTO

15 CERTIDÃO DO REGISTRO

Prescreve o art. 1.543 do Código Civil que "o casamento celebrado no Brasil prova-se pela certidão do registro" (certidão de casamento expedida com base nos dados constantes do assento lavrado na data de sua celebração, conforme o art. 1.536, ou posteriormente, se se tratar de casamento religioso com efeitos civis). É o sistema da prova pré-constituída. Admite o aludido dispositivo, no entanto, no parágrafo único, que a prova pode ser produzida por outros meios, "justificada a falta ou perda do registro civil", como em caso de incêndio do cartório, inundação, fraude, negligência do cartorário etc. Essa prova supletória faz-se, assim, em duas fases: na primeira, prova-se o fato que ocasionou a perda ou a falta do registro; na segunda, se satisfatória a primeira, admitidas serão as outras, como testemunhas, registros em passaportes, certidão de nascimento de filhos etc. É a ação declaratória meio hábil para declarar a existência do casamento se perdido ou extraviado o registro do matrimônio, não se exigindo a restauração. Aduz o art. 1.546 que, "quando a prova da celebração legal do casamento resultar de processo judicial, o registro da sentença no livro do Registro Civil produzirá, tanto no que toca aos cônjuges como no que respeita aos filhos, todos os efeitos civis desde a data do casamento".

Prova-se o casamento celebrado fora do Brasil de acordo com a lei do país onde se celebrou. Trata-se de aplicação do princípio *locus regit actum*. O documento estrangeiro deverá ser autenticado, segundo as leis consulares, para produzir efeitos no Brasil. Exige-se-lhe a legalização pelo cônsul brasileiro do lugar. Se, porém, foi contraído perante agente consular, provar-se-á o casamento por certidão do assento no registro do consulado. Dispõe o art. 1.544 do Código Civil:

"O casamento de brasileiro, celebrado no estrangeiro, perante as respectivas autoridades ou os cônsules brasileiros, deverá ser registrado em cento e oitenta dias, a contar da volta de um ou de ambos os cônjuges ao Brasil, no cartório do respectivo domicílio, ou, em sua falta, no 1º Ofício da Capital do Estado em que passarem a residir".

16 POSSE DO ESTADO DE CASADOS

É a situação de duas pessoas que viveram como casadas (*more uxorio*) e assim eram consideradas por todos. Tal situação, em regra, não constitui meio de prova do casamento, a não ser excepcionalmente, em benefício da prole comum (art. 1.545) e nas hipóteses em que o casamento é impugnado, e a prova mostra-se dúbia, funcionando nesse último caso como elemento favorável à sua existência (art. 1.547).

O art. 1.545 do Código Civil preceitua que o "casamento de pessoas que, na posse do estado de casadas, não possam manifestar vontade, ou tenham falecido, não se pode contestar em prejuízo da prole comum, salvo mediante certidão do Registro Civil que prove que já era casada alguma delas, quando contraiu o casamento impugnado". Tal situação somente poderá ser alegada pelos filhos e se mortos ambos os cônjuges. É que, se um deles está vivo, deve indicar o local onde se realizou o casamento, para que os filhos obtenham a certidão. O referido dispositivo admite também a referida prova, mas pelos filhos de pais ainda vivos, se estes se encontrarem impossibilitados de manifestar vontade, quando, por exemplo, perderam as faculdades mentais, encontram-se em estado de coma ou foram declarados ausentes por sentença judicial. Os elementos que caracterizam a posse do estado de casados são: a) *nomen*, indicativo de que a mulher usava o nome do marido; b) *tractatus*, de que se tratavam publicamente como marido e mulher; c) fama, de que gozavam da reputação de pessoas casadas.

A posse do estado de casados também poderá ser alegada em vida dos cônjuges quando o casamento for impugnado. Neste caso, se houver dúvidas entre as provas favoráveis e contrárias à celebração do casamento, dever-se-á admitir sua existência (*in dubio pro matrimonio*), "se os cônjuges, cujo casamento se impugna, viverem ou tiverem vivido na posse do estado de casados" (art. 1.547). Tal prova não se presta a convalescer vício que possa invalidar o casamento, pois não diz respeito à validade, mas à existência do ato.

Quadro sinótico – Das provas do casamento

1. Provas diretas	Específicas	– do casamento celebrado no Brasil: certidão do registro civil do ato nupcial (CC, art. 1.543); – do casamento realizado no exterior: documento válido de acordo com a lei do país onde se celebrou, legalizado pelo cônsul brasileiro do lugar. Se foi contraído perante agente consular, provar-se-á o casamento por certidão do assento no registro do consulado (CC, art. 1.544).
	Supletórias	Admite-se que a prova do casamento seja produzida por outros meios, "justificada a falta ou perda do registro civil" (CC, art. 1.546, parágrafo único). Essa prova supletória faz-se, assim, em duas fases: na primeira, prova-se o fato que ocasionou a perda ou a falta do registro; na segunda, se satisfatória a primeira, admitidas serão outras, como testemunhas, registros em passaportes, certidão de nascimento de filhos etc.
2. Prova indireta (posse do estado de casados)	Conceito	A posse do estado de casados é a situação de duas pessoas que viveram como casadas (*more uxorio*) e assim eram consideradas por todos.
	Requisitos	a) *nomen;* b) *tractatus;* c) fama.
	Hipóteses	a) para provar casamento de pessoas falecidas, em benefício da prole, ante a impossibilidade de se obter prova direta (CC, art. 1.545); b) para eliminar dúvidas entre provas favoráveis e contrárias à celebração do casamento (CC, arts. 1.546 e 1.547), em vida dos cônjuges quando o casamento for impugnado.

Capítulo VI

ESPÉCIES DE CASAMENTO

17 CASAMENTO VÁLIDO

O Código Civil brasileiro dedicou o capítulo VIII deste subtítulo à "invalidade do casamento", de que são espécies a nulidade e a anulabilidade. A doutrina inclui também no referido gênero a espécie inexistência, malgrado a ela não se refira o mencionado diploma. Os casamentos putativo, nuncupativo, religioso com efeitos civis, consular e por procuração, desde que presentes os elementos essenciais e observados todos os requisitos legais, constituem formas válidas de uniões conjugais regulamentadas na lei. O putativo, embora nulo ou anulável, produz efeitos de casamento válido para o cônjuge de boa-fé e, por isso, não será incluído, neste trabalho, nos casos de casamento inválido. O casamento por procuração, admitido no art. 1.542 do Código Civil, foi comentado no n. 13, *retro*, ao qual nos reportamos.

17.1. CASAMENTO PUTATIVO

É o casamento que, embora nulo ou anulável, foi contraído de boa-fé por um ou por ambos os cônjuges (CC, art. 1.561). Boa-fé, no caso, significa ignorância da existência de impedimentos dirimentes à união conjugal. O momento em que se apura a existência da boa-fé é o da celebração do casamento, sendo irrelevante eventual conhecimento da causa de invalidade posterior a ela. Como a boa-fé em geral se presume, cabe o ônus da prova da má-fé à parte que a alega. A ignorância da existência de impedimentos decorre de erro, que tanto pode ser de fato (irmãos que ignoram a existência do parentesco) como de direito (tios e sobrinhos que ignoram a necessidade do exame pré-nupcial). Embora o erro de direito seja inescusável, em geral, por força do art. 3º da Lei de Introdução às Normas do

Direito Brasileiro, pode ser invocado para justificar a boa-fé, sem que com isso se pretenda o descumprimento da lei, pois o casamento será, de qualquer modo, declarado nulo.

Na sentença em que proclama a invalidade do casamento, o juiz declara a putatividade de ofício ou a requerimento das partes. Se a sentença é omissa, a declaração pode ser obtida em embargos de declaração ou em ação declaratória autônoma. Nos casos de coação, não se poderia, a rigor, reconhecer a putatividade do casamento, porque o coacto não ignora a existência da coação. No entanto, o senso ético-jurídico recomenda que seja equiparado, no plano dos efeitos, ao cônjuge de boa-fé.

Os efeitos dessa espécie de união conjugal são todos os de um casamento válido, para o cônjuge de boa-fé, produzidos até a data da sentença que lhe ponha termo. A eficácia dessa decisão manifesta-se *ex nunc*, sem retroatividade, e não *ex tunc*, não afetando os direitos até então adquiridos. Essa situação faz com que o casamento putativo assemelhe-se à dissolução do matrimônio pelo divórcio. Os efeitos do casamento cessam para o futuro, sendo considerados produzidos todos os efeitos que se tenham verificado até a data da sentença anulatória.

Quanto aos cônjuges, os efeitos pessoais são os de qualquer casamento válido. Findam, entretanto, na data do trânsito em julgado. Cessam, assim, os deveres matrimoniais impostos no art. 1.566, mas não, porém, aqueles efeitos que geram situações ou estados que tenham por pressuposto a inalterabilidade, como a maioridade, que fica antecipada pela emancipação do cônjuge inocente de modo irreversível. Produzem-se todos os efeitos do regime de bens, operando-se a dissolução da eventual comunhão pelas mesmas regras previstas para a separação judicial. Se somente um dos cônjuges estava de boa-fé, adquirirá meação nos bens levados ao casamento pelo outro, se convencionada a comunhão, mantendo-se para o futuro tal efeito já produzido por ocasião da celebração. Dispõe o art. 1.564 do Código Civil que, "quando o casamento for anulado por culpa de um dos cônjuges, este incorrerá: I – na perda de todas as vantagens havidas do cônjuge inocente; II – na obrigação de cumprir as promessas que lhe fez no contrato antenupcial". Ao casamento inexistente não se aplicam as regras sobre o casamento putativo, restritas ao nulo e ao anulável.

No tocante aos alimentos, há divergências a respeito da existência ou não de efeitos para o futuro. Os pagos antes do trânsito em julgado da sentença são irrepetíveis. O Supremo Tribunal Federal decidiu, por maioria, que o cônjuge culpado não pode furtar-se ao pagamento de alimentos se o inocente deles necessitar. A putatividade "consiste em assegurar ao cônjuge de boa-fé os efeitos do casamento válido, e entre estes se encontra o direito a alimentos, sem limitação do tempo" (*RTJ*, 89:495). Para outra corrente, no entanto, não são mais devidos os alimentos para o futuro porque as partes não são mais cônjuges. Nesse sentido decidiu mais recentemente o Superior Tribunal de Justiça: "A mulher que reclama alimentos a eles tem direito, mas até a data da sentença. Anulado ou declarado nulo o casamento, desaparece a condição de cônjuges" (*RSTJ*, 130:225). Se um dos cônjuges falecer antes da anulação, o sobrevivente inocente figurará no rol dos herdeiros (CC, art. 1.829, III), se inexistirem descendentes ou ascendentes, além de receber a sua meação, ou concorrerá com eles se o regime de bens adotado o permitir (art. 1.829, I).

Em relação aos filhos, o art. 14, parágrafo único, da Lei do Divórcio veio corrigir a falha existente no parágrafo único do art. 221 do Código Civil de 1916, ao prescrever que, mesmo nenhum dos cônjuges estando de boa-fé ao contrair o matrimônio, seus efeitos civis aproveitarão aos filhos comuns. O § 2º do art. 1.561 do atual Código reproduz a referida regra, *verbis*: "Se ambos os cônjuges estavam de má-fé ao celebrar o casamento, os seus efeitos civis só aos filhos aproveitarão". Como a Constituição Federal não permite mais qualquer distinção, quanto aos direitos e até mesmo quanto à designação, entre os filhos, havidos ou não do casamento, a questão em epígrafe perdeu a importância que tinha anteriormente.

17.2. CASAMENTO NUNCUPATIVO E EM CASO DE MOLÉSTIA GRAVE

O Código Civil abre duas exceções quanto às formalidades para a validade do casamento. A primeira, em caso de moléstia grave de um dos nubentes (art. 1.539); a segunda, na hipótese de estar um dos nubentes em iminente risco de vida (arts. 1.540 e 1.541). Na primeira situação, pressupõe-se que tenha sido expedido o certificado de habilitação ao casamento, mas a gravidade do estado de saúde de um dos nubentes impede-o de locomover-se e de adiar a cerimônia. Neste caso, o juiz irá celebrá-lo em sua casa ou onde estiver (no hospital, p. ex.), em companhia do oficial, mesmo à noite, perante duas testemunhas que saibam ler e escrever. Só em havendo urgência é que o casamento será realizado à noite.

A segunda hipótese é a de casamento em iminente risco de vida, quando se permite a dispensa do processo de habilitação e até a presença do celebrante. Trata-se do casamento *in extremis vitae momentis*, nuncupativo (de viva voz) ou *in articulo mortis*. Em razão da extrema urgência, quando não for possível obter a presença do juiz ou de seus suplentes, e ainda do oficial, os contraentes poderão celebrar o casamento na presença de seis testemunhas, que com os nubentes não tenham parentesco em linha reta, ou, na colateral, até segundo grau (CC, art. 1.540).

Bastará que os contraentes manifestem o propósito de casar e, de viva voz, recebam um ao outro por marido e mulher, na presença das seis testemunhas. Estas devem comparecer, dentro em dez dias, perante a autoridade judiciária mais próxima a fim de que sejam reduzidas a termo as suas declarações, pelo processo das justificações avulsas. Se não comparecerem espontaneamente, poderá qualquer interessado requerer a sua notificação. Deverão declarar: I) que foram convocadas por parte do enfermo; II) que este parecia em perigo de vida, mas em seu juízo; III) que em sua presença declararam os contraentes, livre e espontaneamente, receber-se por marido e mulher (CC, art. 1.541). O juiz, se não for o competente, encaminhará as declarações, depois de autuadas, à autoridade judiciária que o for. Esta determinará providências para verificar a inexistência de impedimentos, antes de proferir a sentença, da qual caberá apelação em ambos os efeitos. Transitada em julgado, o juiz mandará registrá-la no Livro do Registro dos Casamentos, retroagindo os efeitos, quanto ao estado dos cônjuges, à data da celebração (CC, art. 1.541, §§ 1º a 4º; LRP, art. 76). O atual Código não fala mais na retroação quanto aos filhos comuns, mencionada no art. 200, § 4º, do Código Civil de 1916, porque desnecessária ante a proclamada igualdade de todos os filhos, não importando se resultaram de casamento dos pais ou não.

Serão dispensadas tais formalidades se o enfermo convalescer e puder ratificar o casamento em presença da autoridade competente e do oficial do registro (art. 1.541, § 5º). Não se trata de novo casamento, mas de confirmação do já realizado. Essa ratificação faz-se por termo no livro do Registro dos Casamentos, devendo vir assinada também pelo outro cônjuge e por duas testemunhas. Antes da lavratura do termo, exigem-se os documentos do art. 1.525 e o certificado do art. 1.531, comprobatório da inexistência de impedimentos. Se, porém, o restabelecimento ocorrer após já efetuado o registro, não se faz necessária a ratificação.

17.3. CASAMENTO RELIGIOSO COM EFEITOS CIVIS

A Constituição Federal prevê dois modos de união legal (art. 226, §§ 1º e 2º): casamento civil e religioso com efeitos civis. O último era regulamentado na Lei dos Registros Públicos (Lei n. 6.015/73, arts. 70 a 75). O Código Civil, suprindo omissão do anterior, disciplina expressamente o casamento religioso, que pode ser de duas espécies: a) com prévia habilitação (art. 1.516, § 1º); b) com habilitação posterior à celebração religiosa (art. 1.516, § 2º). Em ambas, portanto, exige-se o processo de habilitação. Somente a celebração é feita pela autoridade religiosa da religião professada pelos nubentes. A Constituição Federal assegura a todos o direito de credo. A validade civil do casamento religioso está condicionada à habilitação e ao registro no Registro Civil das Pessoas Naturais (CC, art. 1.515).

Na primeira hipótese, processada e homologada a habilitação na forma do Código Civil e obtido o certificado de habilitação, será ele apresentado ao ministro religioso, que o arquivará. Celebrado o casamento, deverá ser promovido o registro, dentro de noventa dias de sua realização, mediante comunicação do celebrante ao ofício competente, ou por iniciativa de qualquer interessado. Tal prazo, contado da celebração, é decadencial e, se esgotado, ficarão sem efeito os atos já praticados. Os nubentes terão de promover nova habilitação e cumprir todas as formalidades legais, se desejarem realmente conferir efeitos civis ao casamento religioso (art. 1.516, § 1º). O falecimento de um dos nubentes, desde que o pedido seja encaminhado dentro do referido prazo, não constituirá obstáculo ao registro, visto que realizado validamente.

No segundo caso, celebrado o casamento religioso, os nubentes requererão o registro, a qualquer tempo, instruindo o pedido com certidão do ato religioso e com os documentos exigidos pelo art. 1.525 do Código Civil. Processada e homologada a habilitação e certificada a inexistência de impedimento, o oficial fará o registro do casamento religioso, lavrando o assento. O registro produzirá efeitos jurídicos a partir da data de sua celebração (CC, art. 1.515). "Será nulo o registro civil do casamento religioso se, antes dele, qualquer dos consorciados houver contraído com outrem casamento civil" (art. 1.516, § 3º).

17.4. CASAMENTO CONSULAR

Casamento consular é aquele celebrado por brasileiro no estrangeiro, perante autoridade consular brasileira.

Dispõe o art. 1.544 do Código Civil que "o casamento de brasileiro, celebrado no estrangeiro, perante as respectivas autoridades ou os cônsules brasileiros, deverá ser registrado em cento e oitenta dias, a contar da volta de um ou de ambos os cônjuges ao Brasil, no cartório do respectivo domicílio, ou, em sua falta, no 1º Ofício da Capital do Estado em que passarem a residir". A exigência, portanto, é a mesma na hipótese de casamento de brasileiro, realizado fora do país de acordo com as leis locais.

17.5. CONVERSÃO DA UNIÃO ESTÁVEL EM CASAMENTO

O art. 1.726 do Código Civil disciplina a conversão da união estável em casamento nos seguintes termos: "A união estável poderá converter-se em casamento, mediante pedido dos companheiros ao juiz e assento no Registro Civil".

Exige-se, pois, pedido ao juiz, ao contrário da Lei n. 9.278, de 10 de maio de 1996, que se contentava com o requerimento de conversão formulado diretamente ao oficial do Registro Civil. A exigência do novel legislador desatende o comando do art. 226, § 3º, da Constituição Federal de que deve a lei facilitar a conversão da união estável em casamento. Em vez de recorrer ao Judiciário, mais fácil será simplesmente casar, com observância das formalidades exigidas para a celebração do casamento civil, máxime considerando-se que a referida conversão não produz efeitos pretéritos, valendo apenas a partir da data em que se realizar o ato de seu registro.

Quadro sinótico – Espécies de casamento válido

<table>
<tr><td rowspan="2">1. Casamento putativo</td><td>Conceito</td><td>É o casamento que, embora nulo ou anulável, foi contraído de boa-fé por um ou por ambos os cônjuges (CC, art. 1.561). Boa-fé, no caso, significa ignorância da existência de impedimentos dirimentes à união conjugal.</td></tr>
<tr><td>Efeitos</td><td>— Quanto aos cônjuges: são todos os de um casamento válido para o cônjuge de boa-fé (CC, arts. 1.561 e 1.654). Findam, entretanto, na data do trânsito em julgado da sentença que lhe ponha termo. Cessam, portanto, para o futuro, sendo considerados produzidos todos os efeitos que se tenham verificado até a data da sentença anulatória.
— No tocante aos alimentos, não são mais devidos para o futuro, porque as partes não são mais cônjuges. Assim, a mulher que reclama alimentos a eles tem direito, mas até a data da sentença (RSTJ, 130:225).
— Em relação aos filhos, dispõe o § 2º do art. 1.561 do CC: "Se ambos os cônjuges estavam de má-fé ao celebrar o casamento, os seus efeitos civis só aos filhos aproveitarão".</td></tr>
<tr><td>2. Casamento em caso de moléstia grave</td><td colspan="2">Constitui exceção quanto às formalidades para a validade do casamento. Pressupõe-se que tenha sido expedido o certificado de habilitação ao casamento, mas a gravidade do estado de saúde de um dos nubentes impede-o de locomover-se e de adiar a cerimônia. Nesse caso, o juiz irá celebrá-lo em sua casa ou onde estiver, em companhia do oficial, mesmo à noite, perante duas testemunhas que saibam ler e escrever (CC, art. 1.539).</td></tr>
<tr><td>3. Casamento nuncupativo</td><td colspan="2">O casamento em iminente risco de vida ou nuncupativo constitui uma segunda exceção, pois se permite a dispensa do processo de habilitação e até da presença do celebrante.
Em razão da extrema urgência, os contraentes poderão celebrar o casamento, recebendo um ao outro, de viva voz, por marido e mulher, na presença de seis testemunhas, que com os nubentes não tenham parentesco em linha reta, ou, na colateral, até segundo grau. Requer-se posterior homologação judicial (CC, arts. 1.540 e 1.541).</td></tr>
</table>

<table>
<tr><td rowspan="1">4. Casamento religioso com efeitos civis</td><td colspan="2">a) Com prévia habilitação: o certificado de habilitação será apresentado ao ministro religioso, que o arquivará. Celebrado o casamento, deverá ser promovido o registro civil, dentro do prazo decadencial de 90 dias de sua celebração (CC, art. 1.516, § 1º).
b) Com habilitação posterior: celebrado o casamento religioso, os nubentes requererão o registro, a qualquer tempo, instruindo o pedido com certidão do ato religioso e com os documentos exigidos pelo art. 1.525 do CC. Processada e homologada a habilitação e certificada a inexistência de impedimento, o oficial fará o registro, lavrando o assento. O casamento produzirá efeitos jurídicos a partir da data de sua celebração (CC, art. 1.515).</td></tr>
<tr><td rowspan="2">5. Casamento consular</td><td>Conceito</td><td>Casamento consular é aquele celebrado por brasileiro no estrangeiro, perante autoridade consular brasileira.</td></tr>
<tr><td>Formalidades</td><td>Uma vez realizado, deverá ser registrado em 180 dias, a contar da volta de um ou de ambos os cônjuges ao Brasil, no cartório do respectivo domicílio, ou, em sua falta, no 1º Ofício da Capital do Estado em que passarem a residir (CC, art. 1.544).</td></tr>
<tr><td>6. Conversão da união estável em casamento</td><td colspan="2">A união estável "poderá converter-se em casamento, mediante pedido dos companheiros ao juiz e assento no Registro Civil" (CC, art. 1.726).</td></tr>
</table>

18 CASAMENTO INVÁLIDO

A invalidade do casamento, tratada no Capítulo VIII do Subtítulo I do Título I do Código Civil, abrange a nulidade e a anulabilidade, ou seja, a nulidade absoluta e a relativa. A doutrina, contudo, inclui também no referido gênero a inexistência. Distinguem-se, pois, três espécies de casamento inválido: inexistente, nulo e anulável. Todavia, o plano da existência antecede o da validade. Antes de verificar se o ato ou negócio jurídico e o casamento são válidos, faz-se mister averiguar se existem. Existindo, podem ser válidos ou inválidos.

18.1. CASAMENTO INEXISTENTE

Para que o casamento exista, é necessária a presença dos elementos chamados de essenciais: diferença de sexo, consentimento e celebração na forma da lei. O primeiro, todavia, como já mencionado, foi afastado pelo Superior Tribunal de Justiça, que reconheceu como entidades familiares as uniões entre pessoas do mesmo sexo (homoafetivas). Para que o casamento seja válido, outros requisitos são exigidos. O casamento pode existir, mas não ser válido.

A teoria do ato inexistente é, hoje, admitida em nosso direito, malgrado o Código Civil a ele não se refira, por tratar-se de mero fato, insuscetível de produzir efeitos jurídicos. Há apenas a aparência de um casamento, sendo implícita a necessidade da presença dos referidos elementos essenciais. A teoria foi concebida no século XIX para contornar, em matéria de casamento, o princípio de que não há nulidade sem texto legal (*pas de nullité sans texte*), pois as hipóteses de identidade de sexo, falta de consentimento e ausência de celebração não costumam constar dos diplomas legais. Em razão de o ato inexistente constituir um nada no mundo jurídico, não reclama ação própria para combatê-lo. No entanto, se houve celebração e lavratura do assento, far-se-á necessária a propositura de ação para cancelamento do registro. Será imprescindível também a propositura de ação se for exigida produção de provas do fato alegado, como na hipótese de ausência de consentimento. Admite-se o reconhecimento da inexistência a qualquer tempo, não estando sujeito a prescrição ou decadência.

Se o casamento, como fato, inexiste, não pode ser declarado putativo. Não se deve confundir a falta de consentimento (procuração sem poderes especiais, ausência de resposta à indagação do juiz, p. ex.) com o consentimento viciado, como acontece quando há coação. Nesse caso, o casamento existe, mas não é válido (anulável). Também não há que se confundir falta de celebração com celebração feita por autoridade incompetente *ratione loci*, que o torna também existente, mas inválido (anulável, nos termos do art. 1.550, VI, do CC). Será inexistente quando o celebrante não for juiz de casamentos, ou seja, quando a incompetência for absoluta, em razão da matéria. Todavia, o art. 1.554 do Código Civil estatui: "Subsiste o casamento celebrado por aquele que, sem possuir a competência exigida na lei, exercer publicamente as funções de juiz de casamentos e, nessa qualidade, tiver registrado o ato no Registro Civil". Trata-se de aplicação do princípio geral de direito *in dubio pro matrimonio*, e do que protege a boa-fé.

18.2. CASAMENTO E A TEORIA DAS NULIDADES

O casamento inválido pode ser nulo ou anulável, dependendo do grau de imperfeição (inobservância dos requisitos de validade exigidos na lei). A teoria das nulidades apresenta algumas exceções em matéria de casamento. Assim, embora os atos nulos em geral não produzam efeitos, há uma espécie de casamento, o putativo, que produz todos os efeitos de um casamento válido para o cônjuge de boa-fé. E, também, embora o juiz deva pronunciar de ofício a nulidade dos atos jurídicos em geral (art. 168, parágrafo único), a nulidade do casamento somente poderá ser declarada em ação ordinária (arts. 1.549 e 1.563), não podendo, pois, ser proclamada de ofício. Desse modo, enquanto não declarado nulo por decisão judicial transitada em julgado, o casamento existe e produz efeitos, incidindo todas as regras sobre efeitos do casamento (deveres dos cônjuges, regimes de bens).

Quando o casamento é nulo, a ação adequada é a declaratória de nulidade. Os efeitos da sentença são *ex tunc*, retroagindo à data da celebração. A anulabilidade reclama a propositura de ação anulatória, em que a sentença produz efeitos somente a partir de sua prolação, não retroagindo (*ex nunc*). A irretroatividade dos efeitos da sentença anulatória é sustentada por Orlando Gomes, Maria Helena Diniz, Carlos Alberto Bittar, dentre outros. Pontes de Miranda, entretanto, afirma que a anulação do casamento "produz efeitos iguais à decretação da nulidade, salvo onde a lei civil abriu explícita exceção" (*Tratado de direito privado*, v. 8, § 823, n. 1, p. 7). Assim, ficam como não ocorridos os efeitos que de um casamento válido decorreriam. Tal como o nulo, não há o efeito de antecipação da maioridade pela emancipação, salvo caso de putatividade. Nesse mesmo sentido, manifestam-se Clóvis Beviláqua, Antunes Varela, José Lamartine Corrêa de Oliveira, dentre outros.

Ambas são ações de estado e versam sobre direitos indisponíveis. Em consequência: a) é obrigatória a intervenção do Ministério Público, como fiscal da lei (CPC, arts. 178 e 179), não mais se exigindo, porém, a participação de curador ao vínculo; b) não se operam os efeitos da revelia (CPC, art. 345, II), não se presumindo verdadeiros os fatos não contestados; c) não existe o ônus da impugnação especificada (CPC, art. 341), não se presumindo verdadeiros os fatos não impugnados especificadamente.

O prazo para a propositura da ação anulatória é decadencial. A ação declaratória, por ser ajuizada nos casos em que não se estabeleceu o vínculo da relação jurídica entre as partes, é imprescritível. A pré-dissolução do casamento por morte de um dos cônjuges ou pelo divórcio não exclui a possibilidade de existir legítimo interesse que justifique a propositura da ação declaratória de nulidade.

18.2.1. CASAMENTO NULO

Em dois casos o Código Civil considerava nulo o casamento: I) quando contraído por enfermo mental sem o necessário discernimento para os atos da vida civil; II) quando infringia impedimento (CC, art. 1.548).

A primeira hipótese é compreensiva de todos os casos de insanidade mental, permanente e duradoura, caracterizada por graves alterações das faculdades psíquicas. Foi ela, entretanto, suprimida pelo art. 123, IV, da Lei n. 13.146, de 6 de julho de 2015 (Estatuto da Pessoa com Deficiência), que revogou expressamente o mencionado inciso I do art. 1.548 do Código Civil.

O inciso II do art. 1.548 do Código Civil também estabelece, de forma genérica, que é nulo o casamento por infração de impedimento. Os impedimentos para o casamento são somente os elencados no art. 1.521, I a VII, do referido diploma, que repetem, em linhas gerais, os enumerados no art. 183 do estatuto de 1916, exceto o que proibia o casamento do cônjuge adúltero com o seu corréu, por tal condenado.

A declaração de nulidade proclama, retroativamente, jamais ter existido casamento válido. Por isso diz-se que, em princípio, a nulidade produz efeitos *ex tunc*. Desde a celebração o casamento não produzirá efeitos. Estatui, com efeito, o art. 1.563 do Código Civil: "A sentença que decretar a nulidade do casamento retroagirá à data da sua celebração, sem prejudicar a aquisição de direitos, a título oneroso, por terceiros de boa-fé, nem a resultante de sentença transitada em julgado". Assim, os bens que se haviam comunicado pelo casamento retornam ao antigo dono e não se cumpre o pacto antenupcial. O casamento nulo, entretanto, aproveita aos filhos (CC, art. 1.561), e a paternidade é certa. Se reconhecida a boa-fé de um ou de ambos os cônjuges, ele será putativo e produzirá efeitos de casamento válido ao cônjuge de boa-fé até a data da sentença. A mulher, no entanto, não deve se casar novamente, até dez meses após a sentença, salvo se der à luz algum filho ou provar inexistência de gravidez, na fluência do prazo (CC, art. 1.523, parágrafo único, 2ª parte). De relembrar que, enquanto não declarado nulo por decisão judicial transitada em julgado, o casamento existe e produz todos os efeitos, especialmente quanto aos deveres conjugais e ao regime de bens.

No tocante à legitimidade para a decretação de nulidade de casamento, pelos motivos mencionados, proclama o art. 1.549 do Código Civil que "pode ser promovida mediante ação direta, por qualquer interessado, ou pelo Ministério Público". Qualquer pessoa maior pode opor os impedimentos cuja violação acarrete a nulidade do casamento, mas a ação declaratória de nulidade é permitida somente a quem tenha legítimo interesse, econômico ou moral, e ao Ministério Público, cujo interesse é social. Podem alegar interesse moral os próprios cônjuges, ascendentes, descendentes, irmãos, cunhados e o primeiro cônjuge do bígamo. Têm interesse econômico os herdeiros sucessíveis, os credores dos cônjuges e os adquirentes de seus bens, bem como a companheira

O Código Civil admite expressamente a separação de corpos, comprovada a sua necessidade, como medida preparatória de ação de nulidade do casamento, de anulação, de separação judicial, de divórcio direto e de dissolução de união estável, devendo ser concedida pelo juiz "com a possível brevidade" (art. 1.562).

18.2.2. CASAMENTO ANULÁVEL

O Código Civil considera anulável o casamento nas hipóteses elencadas nos arts. 1.550, 1.556 e 1.558. Dispõe o primeiro dispositivo citado, com a redação dada pela Lei n. 13.146/2015:

"É anulável o casamento: I – de quem não completou a idade mínima para casar; II – do menor em idade núbil, quando não autorizado por seu representante legal; III – por vício da vontade, nos termos dos arts. 1.556 a 1.558 (que tratam, respectivamente, das hipóteses de erro quanto à qualidade essencial do outro cônjuge e da coação); IV – do incapaz de consentir ou manifestar, de modo inequívoco, o consentimento; V – realizado pelo mandatário, sem que ele ou o outro contraente soubesse da revogação do mandato, e não sobrevindo coabitação entre os cônjuges; VI – por incompetência da autoridade celebrante. § 1º Equipara-se à revogação a invalidade do mandato judicialmente decretada; § 2º A pessoa com deficiência mental ou intelectual em idade núbia [o correto é 'núbil'] poderá contrair matrimônio, expressando sua vontade diretamente ou por meio de seu responsável ou curador" (CC, art. 1.550).

O casamento anulável produz todos os efeitos enquanto não anulado por decisão judicial transitada em julgado. Até então tem validade resolúvel, que se tornará definitiva se decorrer o prazo decadencial sem que tenha sido ajuizada ação anulatória. Porém, a sentença que anula o casamento tem efeitos retroativos, considerando-se os cônjuges como se jamais o tivessem contraído. Produz efeitos iguais à decretação da nulidade, desfazendo o matrimônio como se nunca houvesse existido, salvo caso de putatividade. Há, entretanto, uma corrente que sustenta ser *ex nunc* os efeitos da sentença anulatória, como vimos no n. 18.2, *retro*. A legitimidade ativa para a propositura da ação anulatória é reservada exclusivamente às partes diretamente interessadas no ato (CC, arts. 1.552, 1.555 e 1.559). Os prazos, todos decadenciais, em geral são breves.

18.2.2.1. *Defeito de idade*

Havendo defeito de idade, no casamento dos menores de dezesseis anos, a ação anulatória pode ser proposta pelo próprio cônjuge menor, mesmo sem assistência ou representação, por seus representantes legais, e por seus ascendentes (art. 1.552), no prazo de cento e oitenta dias, contado da data da celebração, para os representantes legais ou ascendentes dos menores, e, para estes, da data em que atingirem a referida idade mínima (art. 1.560, § 1º). Se o representante legal do menor consentiu no casamento, mesmo assim pode propor a ação de anulação por defeito de idade, porque podia ter ignorado a verdadeira idade do menor representado e também porque a falta de idade nada tem que ver com a apreciação da conveniência do casamento. Podem, entretanto, casar-se os menores para evitar imposição ou cumprimento de pena criminal, quando a mulher é vítima de crime contra os costumes, ou em caso de gravidez, mediante suprimento judicial de idade (art. 1.520). A Lei n. 11.106, de 28 de março de 2005, revogou o inciso VII do art. 107 do Código Penal. Com isso, o casamento deixou de evitar a imposição ou o cumprimento de pena criminal nos crimes contra os costumes de ação penal pública. Entretanto, em se tratando de crimes contra os costumes de ação penal privada, persiste a possibilidade de extinção da punibilidade pela renúncia do direito de queixa ou pelo perdão do ofendido aceito (CP, art. 107, V). Prescreve o art. 1.551 que não se anulará, por motivo de idade, o casamento de que resultou gravidez. Não importa se o defeito de idade é da mulher ou do homem. A maternidade superveniente exclui, assim, a anulação por defeito de idade (não por outros defeitos, como a falta de consentimento paterno), ainda que se manifeste depois de ajuizada a ação. Se essa ação foi ajuizada pelos representantes legais do menor, ou por seus ascendentes (art. 1.552, II e III), poderá este confirmar o casamento ao perfazer a idade mínima, com efeito retroativo, desde que ainda não tenha transitado em julgado a sentença anulatória, e com a autorização de seus representantes legais, se necessária, ou com suprimento judicial (art. 1.553). Nesse caso, a ação será extinta e a única consequência será a subsistência do regime da separação de bens, se houve suprimento judicial (art. 1.641, III). Na hipótese em que o fundamento da ação é somente o defeito de idade, os nubentes ficam dispensados do consentimento de seus representantes, pressupondo-se que já o tenham dado quando da celebração, expressa ou tacitamente. Se, entretanto, o casamento foi anulado por defeito de idade, nada impede venham a casar-se novamente os menores, ao atingirem a idade exigida pela lei.

18.2.2.2. *Falta de autorização do representante legal*

No caso de falta de autorização dos pais ou representantes legais, a ação anulatória só pode ser proposta, em cento e oitenta dias, por iniciativa do próprio incapaz, ao deixar de sê-lo, das pessoas que tinham o direito de consentir, ou seja, de seus representantes legais, desde que não tenham assistido ao ato ou, por qualquer modo, manifestado sua aprovação (CC, art. 1.555, § 2º), ou de seus herdeiros necessários. O prazo será contado do dia em que cessou a incapacidade, no primeiro caso; a partir do casamento, no segundo; e, no terceiro, da morte do incapaz (art. 1.555, § 1º).

18.2.2.3. *Erro essencial sobre a pessoa do outro cônjuge*

O art. 1.556 do Código Civil permite a anulação do casamento por erro essencial quanto à pessoa (*error in persona*) do outro cônjuge. O legislador, porém, não deixou ao juiz a decisão sobre quais os fatos que podem ser considerados erro essencial capaz de ensejar a anulação. As hipóteses vêm especificadas no art. 1.557, cujo rol é taxativo (redação determinada pela Lei n. 13.146, de 6 de julho de 2015), como segue: "Considera-se erro essencial sobre a pessoa do outro cônjuge: I – o que diz respeito à sua identidade, sua honra e boa fama, sendo esse erro tal que o seu conhecimento ulterior torne insuportável a vida em comum ao cônjuge enganado; II – a ignorância de crime, anterior ao casamento, que, por sua natureza, torne insuportável a vida conjugal; III – a ignorância, anterior ao casamento, de defeito físico irremediável que não caracterize deficiência ou de moléstia grave e transmissível, por contágio ou herança, capaz de pôr em risco a saúde do outro cônjuge ou de sua descendência".

a) Erro sobre a identidade do outro cônjuge, sua honra e boa fama (inciso I) – A identidade pode ser de duas espécies: física e civil. No erro sobre a identidade física ocorre o casamento com pessoa diversa, por substituição ignorada pelo outro cônjuge. É hipótese rara. Mais comum é o erro sobre a identidade civil do outro cônjuge, sua honra e boa fama. Identidade civil é o conjunto de atributos ou qualidades com que a pessoa se apresenta no meio social. Algumas pessoas são tidas como trabalhadoras, honestas, probas; outras, porém, como inidôneas, desqualificadas etc. Ao mencionar também a honra e a boa fama, cogitou o Código, especialmente, das qualidades morais do indivíduo. Honrada é a pessoa digna, que pauta a sua vida pelos ditames da moral. Boa fama é o conceito e a estima social de que a pessoa goza, por proceder corretamente. Como exemplos de erro sobre a honra e boa fama do outro cônjuge podem ser citados o do homem que, sem o saber, desposa uma prostituta, bem como o da mulher que descobre, somente após o casamento, que o marido se entrega a práticas homossexuais.

Dois são os requisitos para que a invocação do erro essencial possa ser admitida: a) que o defeito, ignorado por um dos cônjuges, preexista ao casamento; b) que a descoberta da circunstância, após o matrimônio, torne insuportável a vida em comum para o cônjuge enganado. Com efeito, se o erro não acarreta maiores consequências na pessoa do outro cônjuge (não torna insuportável a vida em comum ou não coloca em risco a sua saúde ou de sua descendência), deixa de constituir causa de anulação. A apreciação far-se-á em cada caso, tendo em vista as condições subjetivas do cônjuge enganado e outras circunstâncias que evidenciem a insuportabilidade da vida em comum após a descoberta do defeito.

b) Ignorância de crime ultrajante – Caracteriza-se o erro, neste caso, quando o crime, ignorado pelo outro cônjuge, tenha ocorrido antes do casamento e, por sua natureza, torne insuportável a vida conjugal (CC, art. 1.557, II). Não mais se exige que o crime seja inafiançável, como o fazia o Código de 1916. Em determinados casos a prática de delito afiançável, anterior ao casamento, e ignorada pelo outro cônjuge, pode configurar erro essencial quanto à pessoa do outro cônjuge, desde que, por sua natureza (como, p. ex., crime de ato obsceno) torne insuportável a vida conjugal. Como o dispositivo em análise não exige prévia condenação criminal, a existência e a autoria do crime podem ser provadas na própria ação anulatória.

c) Ignorância de defeito físico irremediável que não caracterize deficiência e moléstia grave – Defeito físico irremediável (inciso III) é o que impede a realização dos fins matrimoniais. Em geral, apresenta-se como deformação dos órgãos genitais que obsta à prática do ato sexual. A impotência também o caracteriza, mas somente a *coeundi* ou instrumental. A esterilidade ou impotência *generandi* (do homem, para gerar filhos) e *concipiendi* (da mulher, para conceber) não constituem causas para a anulação. Moléstia grave, para caracterizar o defeito, deve ser transmissível por contágio ou herança, e ser capaz de pôr em risco a saúde do outro cônjuge ou de sua descendência, e anterior ao casamento. O melhor exemplo é a AIDS. O Código Civil cogita, no inciso III do art. 1.557, ora em estudo, de *moléstia física*. Cuidava, no entanto, no inciso IV, expressamente revogado pela Lei n. 13.146/2015, dos casos de doença *mental*.

18.2.2.4. *Vício da vontade determinado pela coação*

Na hipótese de casamento contraído por pessoa *coacta*, a ação só pode ser promovida pelo próprio coacto, no prazo de quatro anos a contar da celebração (CC, arts. 1.559 e 1.560, IV). Tal prazo mostra-se excessivo, pois não se concebe que uma pessoa possa permanecer tanto tempo coagida e impedida de agir. Preceitua o art. 1.558 do Código Civil que se caracteriza a coação "quando o consentimento de um ou de ambos os cônjuges houver sido captado mediante fundado temor de mal considerável e iminente para a vida, a saúde e a honra, sua ou de seus familiares". Trata-se de coação moral ou relativa (*vis compulsiva*), que constitui vício do consentimento. A coação física ou absoluta (*vis absoluta*) torna o casamento inexistente, em razão da ausência de manifestação da vontade. A prova da coabitação pode ser utilizada pelo coator para evitar a anulação do casamento (CC, art. 1.559). Contudo, além de tal prova ser muito subjetiva, a própria coabitação pode ter sido obtida mediante coação.

18.2.2.5. *Incapacidade de manifestação do consentimento*

O inciso IV do art. 1.550 do Código Civil declara anulável o casamento "do incapaz de consentir ou manifestar, de modo inequívoco, o consentimento". A incapacidade de consentir, que torna anulável o casamento, abrange a hipótese mencionada no inciso III do art. 4º do Código Civil (com a redação conferida pela Lei n. 13.146/2015), *verbis*: "III – aqueles que, por causa transitória ou permanente, não puderem exprimir sua vontade", que exigem assistência do representante legal. O prazo para ser intentada a ação de anulação do casamento, a contar da celebração (e não da data em que cessar a incapacidade, como era no CC/1916), é de cento e oitenta dias (CC, art. 1.560, I).

18.2.2.6. *Realização por mandatário, estando revogado o mandato*

É anulável o casamento "realizado pelo mandatário, sem que ele ou o outro contraente soubesse da revogação do mandato, e não sobrevindo coabitação entre os cônjuges" (CC, art. 1.550, V). Cuida-se de hipótese em que o outorgado, estando de boa-fé, utiliza um mandato já anteriormente revogado sem seu conhecimento. Equipara-se à revogação a invalidade do mandato judicialmente decretada (art. 1.550, § 1º). O prazo para anulação do casamento "é de cento e oitenta dias, a partir da data em que o mandante tiver conhecimento da celebração" (art. 1.560, § 2º).

18.2.2.7. *Celebração por autoridade incompetente*

É anulável, no prazo de dois anos a contar da data da celebração (CC, art. 1.560, II), o casamento "por incompetência da autoridade celebrante" (art. 1.550, VI). A lei não distingue se se trata de incompetência em razão do lugar ou da matéria. Predomina na doutrina, entretanto, a opinião de que somente acarreta a anulabilidade a incompetência *ratione loci* ou *ratione personarum* (quando o celebrante preside a cerimônia nupcial fora do território de sua circunscrição ou o casamento é celebrado perante juiz que não seja o do local da residência dos noivos). Se, porém, o presidente não é autoridade competente *ratione materiae* (não é juiz de casamentos, mas prefeito, promotor de justiça, delegado de polícia), o casamento não é anulável, mas inexistente.

19 CASAMENTO IRREGULAR

O casamento contraído com inobservância das causas suspensivas (CC, art. 1.523, I a IV) não é nulo nem anulável, mas irregular, acarretando ao infrator apenas uma sanção: o casamento será considerado realizado no regime da separação de bens (CC, art. 1.641, I). Todavia, é permitido aos nubentes solicitar ao juiz que não lhes sejam aplicadas as mencionadas causas suspensivas, provando-se a inexistência de prejuízo (art. 1.523, parágrafo único). Não se prevê em apartado um capítulo sobre "disposições penais" em matéria de casamento, como havia no Código de 1916, tendo sido excluídas as relativas ao oficial do registro civil, ao juiz e à perda do usufruto sobre os bens dos filhos do casamento anterior.

Quadro sinótico – Casamento inválido

1. Introdução	A invalidade do casamento, no Código Civil, abrange a **nulidade** e a **anulabilidade**. A doutrina, contudo, inclui também no referido gênero a **inexistência**, pois antes de verificar se o ato ou negócio jurídico e o casamento são válidos, faz-se mister averiguar se existem. Existindo, podem ser válidos ou inválidos.
2. Casamento inexistente	Para que o casamento **exista**, é necessária a presença dos elementos essenciais: **diferença de sexo**, **consentimento** e **celebração** na forma da lei. A teoria do ato inexistente é, hoje, admitida em nosso direito, malgrado o CC a ele não se refira. Em razão de constituir um **nada** no mundo jurídico, não reclama ação própria para combatê-lo.
3. Casamento e a teoria das nulidades	A teoria das nulidades apresenta algumas **exceções** em matéria de casamento. Assim, embora os atos nulos em geral não produzam efeitos, há uma espécie de casamento, o putativo, que produz todos os efeitos de um casamento válido para o cônjuge de boa-fé. E, também, embora o juiz deva pronunciar de ofício a nulidade dos atos jurídicos em geral, a nulidade do casamento somente poderá ser declarada em ação ordinária (CC, arts. 1.549 e 1.563), não podendo, pois, ser proclamada de ofício.
4. Ações cabíveis	– casamento **nulo**: a ação é **declaratória de nulidade**, com efeitos *ex tunc*; – casamento **anulável**: a ação é **anulatória**, produzindo a sentença efeitos *ex nunc*, não retroagindo; — ambas são **ações de estado** e versam sobre direitos indisponíveis. Em consequência: a) é obrigatória a intervenção do MP, como fiscal da lei (CPC, arts. 178 e 179); b) não se operam os efeitos da revelia (CPC, art. 345, II); c) não existe o ônus da impugnação especificada (CPC, art. 341).
5. Casamento nulo	Quando infringe impedimento (art. 1.548, II). O inciso I foi revogado pela Lei n. 13.146/2015. Os impedimentos para o casamento são somente os elencados no art. 1.521, I a VII, do CC.

<table>
<tr><td rowspan="3">6. Casamento anulável (CC, art. 1.550, I a VI)</td><td colspan="2">a) por defeito de idade, no caso dos menores de 16 anos;
b) por falta de autorização do representante legal;</td></tr>
<tr><td>c) por erro essencial sobre a pessoa do outro cônjuge (arts. 1.556 e 1.557)</td><td>– erro sobre a identidade do outro cônjuge, sua honra e boa fama (inc. I);
– ignorância de crime ultrajante (inc. II);
– defeito físico irremediável que não caracterize deficiência e moléstia grave (inc. III);</td></tr>
<tr><td colspan="2">d) por vício da vontade determinado pela coação;
e) por incapacidade de manifestação do consentimento;
f) quando realizado por mandatário, estando revogado o mandato;
g) quando celebrado por autoridade incompetente.</td></tr>
<tr><td>7. Casamento irregular</td><td colspan="2">É o contraído com inobservância das causas suspensivas (CC, art. 1.523, I a IV). Não é nulo nem anulável, mas irregular, acarretando ao infrator apenas uma sanção: o casamento será considerado realizado no regime da separação de bens (CC, art. 1.641, I).</td></tr>
</table>

Capítulo VII

DA EFICÁCIA JURÍDICA DO CASAMENTO

20 DISPOSIÇÕES GERAIS

O *primeiro* e principal efeito do casamento é a constituição da família legítima. Ela é a base da sociedade, conforme estatui o art. 226 da Constituição Federal, que reconhece também a união estável como entidade familiar. Só o casamento, porém, cria a família legítima. O *segundo* efeito, mencionado no art. 1.565 do Código Civil, consiste na mútua assunção, pelo casal, da condição de consortes, companheiros e responsáveis pelos encargos da família. Qualquer dos nubentes, querendo, poderá acrescer ao seu o sobrenome do outro. Já se decidiu que o verbo "acrescer" não impede que o cônjuge simplesmente substitua o seu apelido familiar pelo do outro cônjuge (*RT*, 577:119 e 593:122). Predomina, no entanto, o entendimento contrário (*RT*, 785:345). O planejamento familiar é de livre decisão do casal (CC, art. 1.565, §§ 1º e 2º). O *terceiro* é a imposição de deveres aos cônjuges, que passam a viger a partir da celebração (CC, art. 1.566).

O *quarto* efeito jurídico do casamento é a imediata vigência, na data da celebração (CC, art. 1.639, § 1º), do regime de bens, que em princípio é irrevogável, só podendo ser alterado mediante autorização judicial em pedido motivado de ambos os cônjuges, apurada a procedência das razões invocadas e ressalvados os direitos de terceiros (art. 1.639, § 2º). Antes da celebração, podem os nubentes modificar o pacto antenupcial, para alterar o regime de bens. Celebrado, porém, o casamento, ele torna-se imutável. Mesmo nos casos de reconciliação de casais separados judicialmente, o restabelecimento da sociedade conjugal dá-se no mesmo regime de bens em que havia sido estabelecida. Se o casal se divorciar, poderá casar-se novamente, adotando regime diverso do anterior.

No sistema anterior, a imutabilidade do regime de bens era absoluta. A única exceção constava da Lei de Introdução às Normas do

Direito Brasileiro, que a estabeleceu a favor do estrangeiro casado, a quem ficou facultado, com a anuência do outro cônjuge, no ato de se naturalizar brasileiro, optar pelo regime da comunhão parcial, que é o regime legal entre nós, respeitados os direitos de terceiros (LINDB, art. 7º, § 5º). Se já é casado nesse regime, não poderá optar por outro. Já decidiu o Supremo Tribunal Federal que o princípio da imutabilidade não é ofendido por convenção antenupcial que estabeleça que, em caso de superveniência de filhos, o casamento com separação se converta em casamento com comunhão. A jurisprudência tem admitido, também, mesmo no regime da separação de bens, a comunicação dos adquiridos na constância do casamento pelo esforço comum dos cônjuges, atuando como verdadeiros integrantes de uma sociedade de fato. No vigente Código Civil foi afastada a imutabilidade absoluta do regime de bens, permitindo-se a sua alteração, "mediante autorização judicial em pedido motivado de ambos os cônjuges, apurada a procedência das razões invocadas e ressalvados os direitos de terceiros" (CC, art. 1.639, § 2º).

21 DEVERES DE AMBOS OS CÔNJUGES (RECÍPROCOS)

O art. 1.566 do Código Civil impõe deveres recíprocos aos cônjuges, a saber: a) fidelidade recíproca; b) vida em comum, no domicílio conjugal (coabitação); c) mútua assistência; d) sustento, guarda e educação dos filhos; e) respeito e consideração mútuos. Embora o casamento estabeleça vários deveres recíprocos aos cônjuges, a lei ateve-se aos principais, considerados necessários para a estabilidade conjugal. A infração a cada um desses deveres constitui causa para a separação judicial, como o adultério, o abandono do lar conjugal, a injúria grave etc. (CC, art. 1.573).

21.1. FIDELIDADE RECÍPROCA

É uma decorrência do caráter monogâmico do matrimônio. A infração a esse dever, imposto a ambos os cônjuges, configura o adultério, causa para a separação judicial litigiosa. Basta a prova de uma só transgressão ao dever de fidelidade, não se exigindo que o culpado mantenha concubina. É dever de conteúdo negativo, pois exige uma abstenção de conduta, enquanto os demais deveres reclamam comportamentos positivos. Os atos meramente preparatórios da relação sexual, o namoro e os encontros em locais comprometedores não constituem adultério, mas podem caracterizar a injúria grave (quase adultério), que também é causa de separação. Esse dever perdura enquanto subsistir a sociedade conjugal e mesmo quando os cônjuges estiverem apenas separados de fato. Extingue-se, porém, quando aquela se dissolver pela morte, nulidade ou anulação do casamento, separação judicial ou divórcio. Todavia, o diploma de 2002 admite, no art. 1.723, § 1º, a união estável entre pessoas que mantiveram seu estado civil de casadas, estando, porém, separadas de fato, como já vinham proclamando alguns julgados.

21.2. VIDA EM COMUM, NO DOMICÍLIO CONJUGAL

É o dever de coabitação, que obriga os cônjuges a viver sob o mesmo teto e a ter uma comunhão de vidas. Essa obrigação não deve ser encarada como absoluta, pois uma impossibilidade física ou mesmo moral pode justificar o seu não cumprimento. Assim, um dos cônjuges pode ter necessidade de se ausentar do lar por longos períodos em razão de sua profissão, ou mesmo de doença, sem que isso signifique quebra do dever de vida em comum. O que caracteriza o abandono do lar é o *animus*, a intenção de não mais regressar à residência comum. Por essa razão proclama o art. 1.569 do Código Civil que o "domicílio do casal será escolhido por ambos os cônjuges, mas um e outro podem ausentar-se do domicílio conjugal para atender a encargos públicos, ao exercício de sua profissão, ou a interesses particulares relevantes". Só a ausência do lar conjugal durante um ano contínuo, sem essas finalidades, caracteriza o abandono voluntário (CC, art. 1.573, IV).

O cumprimento desse dever pode variar, conforme as circunstâncias. Assim, admite-se até a residência em locais separados, como é comum hodiernamente. Nele se inclui a obrigação de manter relações sexuais, sendo exigível o pagamento do *debitum conjugale*. Já se reconheceu que a recusa reiterada da mulher em manter relações sexuais com o marido caracteriza injúria grave, sendo causa de separação litigiosa.

A vida em comum desenvolve-se no local do domicílio conjugal. A fixação do domicílio competia ao marido. Hoje, no entanto, diante da isonomia de direitos estabelecida na Constituição Federal e do mencionado art. 1.569 do Código Civil, a escolha do local deve ser feita pelo casal. Caberá ao juiz solucionar eventual desacordo no tocante a essa escolha, bem como à direção da sociedade conjugal (CC, art. 1.567, parágrafo único). No nível moral, pode um dos cônjuges recusar-se a coabitar sob o mesmo teto, se por culpa do outro a vida em comum tornar-se intolerável, sem com isso infringir o dever de vida em comum.

21.3. MÚTUA ASSISTÊNCIA

Tal dever obriga os cônjuges a se auxiliarem reciprocamente, em todos os níveis. Assim, inclui a recíproca prestação de socorro material, como também a assistência moral e espiritual. Envolve o desvelo, próprio do companheirismo, e o auxílio mútuo em qualquer circunstância, especialmente nas situações difíceis. Não só o abandono material, como também a falta de apoio moral configuram causa de separação litigiosa. No primeiro caso, constitui fundamento legal para a ação de alimentos. O dever de mútua assistência subsiste até mesmo depois da separação judicial (CC, art. 1.576), extinguindo-se porém quando a dissolução da sociedade conjugal dá-se pelo divórcio.

21.4. SUSTENTO, GUARDA E EDUCAÇÃO DOS FILHOS

O sustento e a educação dos filhos constituem deveres de ambos os cônjuges. A guarda é, ao mesmo tempo, dever e direito dos pais. A infração ao dever em epígrafe sujeita o infrator à perda do poder familiar e constitui fundamento para ação de alimentos. Em tese, configura também causa para a separação judicial (CC, art. 1.572). Subsiste a obrigação de sustentar os filhos menores e de dar-lhes orientação moral e educacional mesmo após a dissolução da sociedade conjugal, mas extingue-se com a maioridade. A jurisprudência, no entanto, tem estendido essa obrigação até a obtenção do diploma universitário, no caso de filhos estudantes que não dispõem de meios para pagar as mensalidades.

21.5. RESPEITO E CONSIDERAÇÃO MÚTUOS

O respeito e a consideração mútuos constituem corolário do princípio esculpido no art. 1.511 do Código Civil, segundo o qual o casamento estabelece comunhão plena de vida, com base na igualdade de direitos e deveres dos cônjuges. Tem relação com o aspecto espiritual do casamento e com o companheirismo que nele deve existir. Demonstra a intenção do legislador de torná-lo mais humano.

22 DIREITOS E DEVERES DE CADA CÔNJUGE

O Código Civil de 1916 tratava dos direitos e deveres do marido e da mulher em capítulos distintos, porque havia algumas diferenças. Em virtude, porém, da isonomia estabelecida pelo art. 226, § 5º, da Constituição, o atual Código Civil disciplinou somente os direitos de ambos os cônjuges, afastando as referidas diferenças. O art. 233 do Código anterior estabelecia que o marido era o chefe da sociedade conjugal, competindo-lhe a administração dos bens comuns e particulares da mulher, o direito de fixar o domicílio da família e o dever de prover à manutenção da família. Todos esses direitos são agora exercidos pelo casal (sistema da cogestão), devendo as divergências serem solucionadas pelo juiz. Dispõe, a propósito, o art. 1.567 do atual Código Civil: "A direção da sociedade conjugal será exercida, em colaboração, pelo marido e pela mulher, sempre no interesse do casal e dos filhos". Acrescenta o parágrafo único: "Havendo divergência, qualquer dos cônjuges poderá recorrer ao juiz, que decidirá tendo em consideração aqueles interesses".

O dever de prover à manutenção da família deixou de ser apenas um encargo do marido, incumbindo também à mulher, de acordo com as possibilidades de cada qual. Preceitua, com efeito, o art. 1.568 do Código Civil que "os cônjuges são obrigados a concorrer, na proporção de seus bens e dos rendimentos do trabalho, para o sustento da família e a educação dos filhos, qualquer que seja o regime patrimonial". Se qualquer dos cônjuges estiver desaparecido ou preso por mais de cento e oitenta dias, interditado judicialmente ou privado, temporariamente, de consciência, em virtude de enfermidade ou de acidente, "o outro exercerá com exclusividade a direção da família, cabendo-lhe a administração dos bens" (CC, art. 1.570).

Quadro sinótico – Da eficácia jurídica do casamento

1. Principais efeitos do casamento	a) a constituição da família legítima (CF, art. 226); b) a mútua assunção, pelo casal, da condição de consortes, companheiros e responsáveis pelos encargos da família (CC, art. 1.565); c) a imposição de deveres aos cônjuges, que passam a viger a partir da celebração (CC, art. 1.566); d) a imediata vigência, na data da celebração (CC, art. 1.639, § 1º), do regime de bens, que em princípio é irrevogável, só podendo ser alterado mediante autorização judicial em pedido motivado de ambos os cônjuges, apurada a procedência das razões invocadas e ressalvados os direitos de terceiros (CC, art. 1.639, § 2º).
2. Deveres de ambos os cônjuges	a) fidelidade recíproca (CC, art. 1.566, I); b) vida em comum (coabitação), no domicílio conjugal (inc. II); c) mútua assistência (inc. III); d) sustento, guarda e educação dos filhos (inc. IV); e) respeito e consideração mútuos (inc. V).
3. Direitos e deveres de cada cônjuge	O atual CC disciplinou somente os direitos de ambos os cônjuges, afastando as diferenças constantes do diploma anterior. A direção da sociedade conjugal será exercida, em colaboração, pelo marido e pela mulher, sempre no interesse do casal e dos filhos. Havendo divergência, qualquer dos cônjuges poderá recorrer ao juiz, que decidirá tendo em consideração aqueles interesses (CC, art. 1.567 e parágrafo único).

Capítulo VIII

DA DISSOLUÇÃO DA SOCIEDADE CONJUGAL

23 CAUSAS TERMINATIVAS

As causas terminativas da sociedade conjugal estão especificadas no art. 1.571 do Código Civil: morte de um dos cônjuges, nulidade ou anulação do casamento, separação judicial e divórcio. Sociedade conjugal é o complexo de direitos e obrigações que formam a vida em comum dos cônjuges. A morte que a extingue é a real. O Código Civil, porém, incluiu entre as causas de dissolução a morte presumida do ausente (art. 1.571, § 1º), que se configura "nos casos em que a lei autoriza a abertura de sucessão definitiva" (art. 6º). A abertura desta poderá ser requerida após dez anos de passada em julgado a sentença que conceder a abertura da sucessão provisória ou provando-se que o ausente conta oitenta anos de idade e que de cinco datam as últimas notícias dele (arts. 37 e 38). Antes disso, os efeitos da declaração de ausência serão apenas patrimoniais, limitando-se a permitir a abertura da sucessão provisória. O Código Civil admite ainda a declaração da morte presumida, sem decretação de ausência, para todos os efeitos, "se for extremamente provável a morte de quem estava em perigo de vida" e "se alguém, desaparecido em campanha ou feito prisioneiro, não for encontrado até dois anos após o término da guerra" (art. 7º, I e II). Nesses casos, a sentença fixará a data provável do falecimento (art. 7º, parágrafo único). Como a morte presumida extingue a sociedade e o vínculo conjugal, será permitido ao ex-cônjuge contrair novas núpcias. No direito italiano, se tal acontecer e o morto presumido aparecer, o segundo casamento será declarado nulo, mas putativo. No direito brasileiro, porém, deve ser considerado dissolvido o primeiro casamento em face da longa separação de fato.

A nulidade ou a anulação do casamento rompem o vínculo matrimonial, extinguindo a sociedade conjugal e permitindo que os cônjuges se casem novamente. Nada impede a cumulação da ação anulatória com a de separação judicial ou de divórcio, em ordem sucessiva (CPC, art. 326). Também a existência de anterior sentença de separação judicial ou de divórcio não constitui óbice para a propositura da ação anulatória. Não é necessário antes anular ou rescindir a sentença de separação judicial ou de divórcio, pois tal sentença não decide sobre a validade do casamento. O casamento válido somente é dissolvido (o vínculo) pela morte de um dos cônjuges ou pelo divórcio (CC, art. 1.571, § 1º), pois a separação judicial mantém o vínculo matrimonial, embora dissolva a sociedade conjugal.

24 DA SEPARAÇÃO JUDICIAL

24.1. ESPÉCIES E EFEITOS DA SEPARAÇÃO JUDICIAL

O art. 1.576 do Código Civil prescreve: "A separação judicial põe termo aos deveres de coabitação e fidelidade recíproca e ao regime de bens". Permanecem, porém, os outros três deveres impostos pelo art. 1.566 do Código Civil: mútua assistência; sustento, guarda e educação dos filhos; respeito e consideração mútuos. O caráter personalíssimo da separação judicial vem estampado no parágrafo único do art. 1.576: "O procedimento judicial da separação caberá somente aos cônjuges...". Somente eles têm a iniciativa da ação, que é privativa e intransmissível. Assim, se um deles morrer, a ação será extinta. A morte, por si, já é causa de dissolução da sociedade conjugal. Também a ação de divórcio extingue-se com a morte de um dos cônjuges. Na segunda parte, contudo, o aludido dispositivo legal abre uma exceção, permitindo que, no caso de incapacidade do cônjuge, seja este representado por curador, ascendente ou irmão. Critica-se o legislador por falar em representação, e não em substituição processual, como seria correto. A ordem enunciada é preferencial: havendo curador, somente a ele caberá a "representação" do cônjuge que se tornou incapaz após o casamento; somente se não houver curador a representação passará sucessivamente ao ascendente e ao irmão, este à falta daquele. Entretanto, se o cônjuge incapaz figurar no polo passivo da ação de separação ou de divórcio, será representado exclusivamente por seu curador. Essa representação (ou substituição processual) pode ocorrer tanto nos casos de separação litigiosa como também nos de separação amigável, malgrado a opinião de Silvio Rodrigues de que não caberia nesta última modalidade, que exige a presença, perante o juiz, de ambos os cônjuges. Tal entendimento já se encontra superado pela doutrina e não se coaduna com o texto da lei, que não faz distinção.

O art. 693 do Código de Processo Civil de 2015 prescreve que as normas do capítulo concernente às ações de família "aplicam-se aos processos contenciosos de divórcio, separação, reconhecimento e extinção de união estável, guarda, visitação e filiação".

Nas ações de família, todos os esforços devem ser empreendidos "para a solução consensual da controvérsia, devendo o juiz dispor do auxílio de profissionais de outras áreas de conhecimento para a mediação e conciliação" (art. 694). Na audiência, "as partes deverão estar acompanhadas de seus advogados ou de defensores públicos" (art. 695, § 4º).

A audiência de mediação e conciliação "poderá dividir-se em tantas sessões quantas sejam necessárias para viabilizar a solução consensual, sem prejuízo de providências jurisdicionais para evitar o perecimento do direito" (art. 696). Não realizado o acordo, passarão a incidir as normas do procedimento comum (art. 697).

Tem a jurisprudência proclamado a inadmissibilidade da supressão da aludida audiência de mediação e da oportunidade para que as partes se reconciliem ou transijam, considerando a regra de ordem pública.

O não comparecimento de qualquer das partes deve ser havido como recusa a qualquer acordo. Não obtida a reconciliação do casal, nem a convolação em separação amigável, começa a fluir da data da audiência prévia o prazo para a contestação, ainda que o réu a ela não tenha comparecido (CPC, arts. 697 e 335).

O capítulo do Código Civil de 2002 que disciplina a dissolução da sociedade conjugal não contém normas procedimentais. Impõe-se concluir, pois, que as existentes na Lei do Divórcio permanecem em vigor.

24.2. DA SEPARAÇÃO JUDICIAL POR MÚTUO CONSENTIMENTO

24.2.1. CARACTERÍSTICAS. REQUISITO

A separação requerida por ambos os cônjuges é chamada também de amigável ou consensual. É procedimento típico de jurisdição voluntária, em que o juiz administra interesses privados. Não há litígio, pois ambos os cônjuges buscam a mesma solução: a homologação judicial do acordo por eles celebrado. O art. 1.574 do Código Civil prescreve: "Dar-se-á a separação judicial por mútuo consentimento dos cônjuges se forem casados por mais de um ano e o manifestarem perante o juiz, sendo por ele devidamente homologada a convenção". A vantagem dessa modalidade é que os separandos não precisam declinar a causa, o motivo da separação. O único requisito exigido, havendo consenso mútuo, era estarem os nubentes casados há mais de um ano. Todavia, mesmo para os que entendem não ter sido a separação judicial eliminada do nosso ordenamento pela Emenda Constitucional n. 66/2010, esse requisito deixou de existir. A propósito, proclama o Enunciado n. 515 da V Jornada de Direito Civil do Conselho da Justiça Federal: "Pela interpretação teleológica da Emenda Constitucional n. 66/2010, não há prazo mínimo de casamento para a separação consensual". Basta, portanto, o acordo de vontades.

24.2.2. PROCEDIMENTO. CLÁUSULAS OBRIGATÓRIAS

O art. 34 da Lei n. 6.515/77 dispõe que a separação judicial consensual far-se-á pelo procedimento previsto nos arts. 1.120 a 1.124 do Código de Processo Civil de 1973 (substituídos pelos arts. 731 a 734 do CPC/2015), mas acrescentando as seguintes regras: "§ 1º A petição será também assinada pelos advogados das partes ou pelo advogado escolhido de comum acordo. § 2º O juiz pode recusar a homologação e não decretar a separação judicial, se comprovar que a convenção não preserva suficientemente os interesses dos filhos ou de um dos cônjuges. § 3º Se os cônjuges não puderem ou não souberem assinar, é lícito que outrem o faça a rogo deles. § 4º As assinaturas, quando não lançadas na presença do juiz, serão, obrigatoriamente, reconhecidas por tabelião". O art. 1.574, parágrafo único, do Código Civil reproduziu integralmente o § 2º supratranscrito, que trata da recusa de homologação do acordo pelo juiz. Deve ela ser fundamentada, com indicação das modificações que comportariam as cláusulas prejudiciais, porque a parte inconformada pode interpor recurso de apelação ao Tribunal de Justiça. É também permitido ao juiz cindir a convenção, homologando parcialmente a separação, deixando de lado, por exemplo, as cláusulas referentes à partilha, por reputá-la prejudicial a um dos separandos.

Na V Jornada de Direito Civil do Conselho da Justiça Federal, foi aprovado o Enunciado n. 516, do seguinte teor: "Na separação judicial por mútuo consentimento, o juiz só poderá intervir no limite da preservação do interesse dos incapazes ou de um dos cônjuges, permitida a cindibilidade dos pedidos, com a concordância das partes, aplicando-se esse entendimento também ao divórcio".

Prescreve o art. 731 do Código de Processo Civil de 2015 que a petição inicial assinada por ambos os cônjuges deve conter: "I – as disposições relativas à descrição e à partilha dos bens comuns; II – as disposições relativas à pensão alimentícia entre os cônjuges; III – o acordo relativo à guarda dos filhos incapazes e ao regime de visitas; e IV – o valor da contribuição para criar e educar os filhos". Prevê o parágrafo único que "se os cônjuges não acordarem sobre a partilha dos bens, far-se-á esta, depois de homologado o divórcio, na forma estabelecida nos arts. 647 a 658", ou seja, sujeitar-se-á ao procedimento previsto para os inventários. A partilha pode ser realizada de modo desigual, pois os cônjuges, sendo maiores e capazes, podem transigir, sujeitando-se eventualmente ao recolhimento do imposto decorrente da doação implicitamente feita ao outro cônjuge. Se os consortes acordarem que a guarda dos filhos menores fique com um terceiro, como o avô, este deverá assinar também a petição, anuindo.

Recomenda-se a regulamentação das visitas, para evitar futuros litígios, prejudiciais aos menores. Deve ser, obrigatoriamente, fixada a pensão a ser paga aos filhos pelo genitor que não ficou com a guarda.

Com a separação do casal cessa a comunhão de bens, de modo que, embora ainda não operada a partilha do patrimônio comum, é facultado a um dos ex-cônjuges exigir do outro que estiver na posse e uso exclusivos de determinado imóvel, a título de indenização, parcela correspondente à metade da renda de um presumido aluguel, devida a partir da citação (STJ, 2ª Seção, Rel. Min. Raul Araújo, disponível em *Revista Consultor Jurídico* de 13-2-2017).

Se um dos *cônjuges* necessitar de auxílio, deverá ser fixado o valor da pensão que o outro lhe pagará. Tem-se admitido que a mulher abra mão dos alimentos, podendo, porém, pleiteá-los futuramente se vier a necessitar e não tiver sido contemplada, na partilha, com bens suficientes para a sua subsistência (Súmula 379 do STF; CC, art. 1.704). A omissão de qualquer referência à pensão que o marido pagará à mulher não impedirá a homologação da separação, devendo-se presumir que decorre do fato de a mulher dela não necessitar, por ter meios próprios de subsistência. A petição deverá esclarecer, ainda, se o cônjuge que usa o sobrenome do outro voltará a usar o nome de solteiro (CC, art. 1.578, § 2º). No silêncio, deve-se entender que optou por conservá-lo. Como os cônjuges têm o direito de optar por conservar ou não o sobrenome do outro, podem eles, posterior e unilateralmente, requerer o seu cancelamento, voltando a usar o nome de solteiro (mas, se haviam optado por não conservá-lo, não poderão futuramente voltar a usá-lo). É a única cláusula que pode ser modificada unilateralmente. Se um dos cônjuges quiser alterar, por exemplo, a cláusula referente à guarda dos filhos, não poderá fazê-lo. Terá de propor uma ação ordinária de modificação de cláusula sobre guarda de filhos e provar a existência de motivos graves, prejudiciais aos menores, que justifiquem a sua pretensão.

A petição será apresentada ao juiz, que ouvirá os cônjuges, verificando se estão deliberando livremente e se desejam a separação, sem hesitação. Convencendo-se disso, mandará reduzir a termo as declarações e, depois de ouvir o Ministério Público, se houver interesse de incapaz, a homologará. Se se verificar posteriormente que o acordo celebrado pelas partes encontra-se eivado de algum vício, como erro, dolo e coação, por exemplo, cabe o ajuizamento de ação anulatória da sentença homologatória, com base no art. 966, § 4º, do Código de Processo Civil de 2015, conforme iterativa jurisprudência, e não a ação rescisória, que é adequada para atacar a sentença em si (proferida por juiz incompetente, por exemplo) e não o ato da parte.

O pedido de separação, de caráter personalíssimo, ficará prejudicado se um dos cônjuges falecer antes de sua homologação pelo juiz. Enquanto não lavrado o termo pelo escrivão e assinado pelas partes, o pedido não se tornou público e poderá haver arrependimento unilateral. Assinado o termo, o pedido torna-se irretratável pela manifestação unilateral de um só dos cônjuges.

Visando racionalizar as atividades processuais e simplificar a vida jurídica dos cidadãos, bem como evitar uma indevida intromissão do Estado na vida privada, a Lei n. 11.441, de 4 de janeiro de 2007, facultou a realização das separações, dos divórcios e das partilhas consensuais por meio de escritura pública lavrada em cartório de notas, quando todos os interessados forem capazes e concordes com os termos do ajuste, afastando a obrigatoriedade do procedimento judicial.

A referida lei introduziu, no Código de Processo Civil de 1973, o art. 1.124-A, reproduzido no art. 733 do Código de Processo Civil de 2015, com poucas alterações, como se pode verificar:

"Art. 733. O divórcio consensual, a separação consensual e a extinção consensual de união estável, não havendo nascituro ou filhos incapazes e observados os requisitos legais, poderão ser realizados por escritura pública, da qual constarão as disposições de que trata o art. 731. § 1º A escritura não depende de homologação judicial e constitui título hábil para qualquer ato de registro, bem como para levantamento de importância depositada em instituições financeiras. § 2º O tabelião somente lavrará a escritura se os interessados estiverem assistidos por advogado ou defensor público, cuja qualificação e assinatura constarão do ato notarial". Foi suprimido apenas o § 3º, pelo qual a escritura e demais atos notariais seriam "gratuitos àqueles que se declararem pobres sob as penas da lei".

Pode-se afirmar, em face do texto da lei em epígrafe, que os requisitos para o exercício da faculdade legal são: a) inexistência de filhos menores ou incapazes do casal; b) consenso sobre todas as questões emergentes da separação ou do divórcio; c) lavratura de escritura pública por tabelião de notas; d) assistência de advogado.

A redação conferida ao dispositivo em apreço, com a utilização do verbo "poderão", aponta o caráter facultativo do procedimento administrativo. A escolha fica a critério das partes. Entende-se, pois, que a criação do inventário e da partilha extrajudiciais, das separações e dos divórcios também extrajudiciais, mediante escritura pública, não obsta à utilização da via judicial correspondente. A opção por esta se torna, porém, necessária toda vez que o ajuste contiver cláusula estabelecendo a obrigação de um dos cônjuges pagar alimentos ao outro, uma vez que é imprescindível a prolação de decisão judicial para que, havendo, no futuro, eventual descumprimento da obrigação alimentícia pelo devedor, possa o alimentando utilizar o procedimento especial de execução dos alimentos através da coerção pessoal consistente na prisão civil do alimentante. Uma vez admitida a dissolução do casamento por escritura pública, fundadas razões levam à admissibilidade do procedimento administrativo simplificado também para a extinção consensual de união estável, apesar do inexplicável silêncio do legislador.

A Lei n. 12.874, de 29 de outubro de 2013, introduziu dois parágrafos ao art. 18 da Lei de Introdução, permitindo que a separação ou o divórcio consensuais de brasileiros no exterior possam ser feitos pelas autoridades consulares brasileiras, desde que o casal não tenha filhos menores ou incapazes, devendo constar da escritura pública as disposições relativas à descrição e à partilha dos bens comuns e à pensão alimentícia, bem como o acordo quanto à retomada pelo cônjuge de seu nome de solteiro ou à manutenção do nome adotado quando se deu o casamento.

24.3. DA SEPARAÇÃO JUDICIAL A PEDIDO DE UM DOS CÔNJUGES (LITIGIOSA)

Preceitua o art. 1.572, *caput*, do Código Civil que qualquer dos cônjuges "poderá propor a ação de separação judicial, imputando ao outro qualquer ato que importe grave violação dos deveres do casamento e torne insuportável a vida em comum" (separação-sanção). Aduz o § 1º que a separação judicial "pode também ser pedida se um dos cônjuges provar ruptura da vida em comum há mais de um ano e a impossibilidade de sua reconstituição" (separação-falência). Por fim, dispõe o § 2º que o cônjuge "pode ainda pedir a separação judicial quando o outro estiver acometido de doença mental grave, manifestada após o casamento, que torne impossível a continuação da vida em comum, desde que, após uma duração de dois anos, a enfermidade tenha sido reconhecida de cura improvável" (separação-remédio). A enumeração é taxativa, não podendo ser ampliada a outras situações.

A hipótese prevista no art. 1.572, *caput*, é chamada de separação-sanção porque um dos cônjuges atribui culpa ao outro (na modalidade de grave infração dos deveres conjugais), aplicando-se sanções ao culpado. Estas são: perda do direito a alimentos, exceto os indispensáveis à sobrevivência (CC, arts. 1.694, § 2º, e 1.704, parágrafo único), e perda do direito de conservar o sobrenome do outro (art. 1.578). Como é a única hipótese em que se discute culpa, é também a única que admite reconvenção. Neste caso, pode a separação ser decretada por culpa de um só dos cônjuges ou de ambos. Se ambos forem culpados, nenhum deles fará jus à verba alimentícia, exceto se necessária à subsistência.

A doutrina costuma classificar as causas de separação judicial em peremptórias e facultativas. As primeiras são aquelas que, uma vez ocorridas, tornam obrigatória a decretação da separação, por si só, independentemente de uma apreciação valorativa do juiz. As facultativas são as que, por si, não acarretam a decretação da separação, mas somente se o juiz constatar que tornaram insuportáveis a vida em comum. O Código Civil, ao exigir, no art. 1.572, *caput*, que a infração dos deveres conjugais torne insuportável a vida em comum, aparentemente teria optado pelo sistema das causas facultativas. Na prática, entretanto, a jurisprudência vinha proclamando, antes da promulgação do atual Código Civil, interpretando o art. 5º da Lei n. 6.515/77, do mesmo teor, que o simples fato de o autor ter ingressado em juízo imputando culpa ao réu já faz presumir que a descoberta da falta cometida tornou, para ele, insuportável a vida em comum. Há, assim, uma inversão do ônus da prova: ao réu cabe demonstrar, se tiver interesse, que a infração por ele cometida não tornou, para o outro, insuportável a vida em comum, por terem, por exemplo, voltado a dormir na mesma cama. A Lei do Divórcio optou por indicar genericamente as causas de separação litigiosa (conduta desonrosa e grave infração dos deveres do casamento), ao contrário do revogado art. 317 do Código Civil de 1916, que especificava as seguintes causas: adultério, tentativa de morte, sevícia, injúria grave e abandono voluntário do lar conjugal durante dois anos contínuos. O Código Civil de 2002 especificou tais fatos como aptos a caracterizar a impossibilidade da comunhão de vida, reduzindo o prazo do abandono voluntário do lar conjugal para um ano contínuo e acrescentando outros: condenação por crime infamante e conduta desonrosa (art. 1.573). O rol é meramente exemplificativo, pois o parágrafo único do referido dispositivo proclama que o juiz "poderá considerar outros fatos que tornem evidente a impossibilidade da vida em comum". O adultério, a tentativa de morte, a sevícia, a injúria grave, o abandono voluntário do lar conjugal, bem como a condenação por crime infamante e a conduta desonrosa (quando representem desrespeito e falta de consideração ao outro cônjuge) caracterizam grave violação dos deveres do casamento e, ao mesmo tempo, evidenciam a impossibilidade da comunhão de vida, que não precisa ser demonstrada pelo autor da ação. Desse modo, pode-se afirmar que, na realidade, o vigente diploma optou pelo sistema das causas peremptórias de separação judicial.

24.3.1. GRAVE INFRAÇÃO DOS DEVERES DO CASAMENTO

O primeiro desses deveres é o de fidelidade recíproca (CC, art. 1.566). A sua infração caracteriza a infidelidade conjugal, que constitui a mais grave das faltas por representar ofensa moral ao consorte. Tal dever aplica-se a ambos os cônjuges e não sofre modificação durante a separação de fato. Esta não desobriga os cônjuges do dever de fidelidade, ou seja, não os libera para o sexo com terceiros. Se um dos cônjuges infringe os deveres matrimoniais, nem por isso o outro passa a ter o direito de, impunemente, praticar o adultério. Se o fizer, estará também dando causa à separação culposa. O adultério tentado ou não consumado, caracterizado pelos atos pré-sexuais, não é propriamente adultério, porque a sua existência depende de congresso sexual completo. Os atos pré-sexuais ou preparatórios não deixam de ofender o dever de fidelidade, mas caracterizam-se como injúria grave ou quase adultério. Em geral, os advogados nunca fundamentam o pedido somente no adultério, porque de difícil prova, mas também na injúria grave, porque a prova dos atos preparatórios já é suficiente para a decretação da separação culposa.

A inseminação artificial, também chamada de adultério casto ou científico, malgrado a opinião em contrário de alguns doutrinadores, não configura adultério, porque este só ocorrerá se houver cópula completa com estranho de outro sexo. A fecundação não pertence à sexualidade, e sim à genitalidade, sendo um fato exclusivamente biológico, desvinculado da libido. Na realidade, a mulher poderá dar causa à separação judicial ao sujeitar-se à inseminação artificial, recebendo o sêmen de outro homem sem o consentimento do marido, mas a sua conduta subsumir-se-á no comportamento desonroso, por constituir injúria grave. Também constitui conduta injuriosa o fornecimento de sêmen pelo homem casado para a inseminação de mulher estranha sem o consentimento da esposa.

Em geral, a anulação do casamento dá-se por fatos anteriores a ele, e a separação judicial, por fatos posteriores. Assim, o defloramento da mulher, ignorado pelo marido (art. 219, IV, do Código Civil de 1916, revogado tacitamente pela CF), não constituía causa de separação judicial, mas de anulação do casamento por erro essencial quanto à pessoa do outro cônjuge. Alguns autores denominam esse fato de adultério precoce. Alípio Silveira usa essa expressão para designar a fuga aviltante de um dos cônjuges com outra pessoa, logo após a celebração do casamento e antes de sua consumação pela coabitação, afirmando que tal conduta revela uma pessoa destituída de honra.

uma personalidade psicopática, até então insuspeitada, sendo caso de anulação do casamento por erro essencial (*Da separação litigiosa à anulação do casamento*, LEUD, 1983, p. 115). Trata-se, portanto, de exceção à regra de que somente se anulam casamentos por fatos ocorridos antes de sua celebração. Outra exceção configura-se quando um dos cônjuges (geralmente a mulher) se recusa, terminantemente, a consumar o casamento mediante o congresso carnal, permanecendo *virgo intacta*, apurado o fato em regular perícia.

O segundo dever, de vida em comum no domicílio conjugal (de coabitação), quando desrespeitado, caracteriza o abandono voluntário do lar conjugal. Exige-se, no entanto, para que se configure tal infração, o requisito da voluntariedade, o ânimo, a intenção de não mais regressar ao lar comum, prolongando-se a ausência por um ano contínuo (CC, art. 1.573, IV). Se um dos cônjuges, depois de um certo tempo, passa a negar-se à prática do ato sexual (ao pagamento do *debitum conjugale*), dá causa, também, à separação judicial por infração ao dever de coabitação.

A infração ao terceiro dever, o de mútua assistência, pode caracterizar a tentativa de morte e a sevícia (agressão física, pancada). Constitui infração ao dever de respeito à integridade física do outro cônjuge, com negação do dever de mútua assistência. O quarto dever, de sustento, guarda e educação dos filhos, quando descumprido, além de configurar, em tese, os crimes de abandono material e de abandono intelectual e poder acarretar a perda do poder familiar, constitui também causa para a separação judicial, pois o casamento fica comprometido quando a prole é abandonada material e espiritualmente. Embora não se trate de agressão direta ao outro cônjuge, é ele atingido pelo sofrimento dos filhos. A infração ao quinto e último dever, de respeito e consideração mútuos, pode configurar injúria grave, espécie de conduta desonrosa.

A confissão real do réu basta para o acolhimento da inicial, não porém a ficta ou presumida, decorrente da revelia. Inadmite-se, em consequência, o julgamento antecipado da lide. Expressiva corrente vem proclamando, porém, com razão, a disponibilidade do direito, por admitida a dissolução consensual do casamento, operando-se, assim, os efeitos da revelia em caso de ausência de contestação (*RT*,

612:58). Solução intermediária propõe que se faça a distinção dos bens indisponíveis, concernentes à guarda, educação e alimentos dos filhos, e dos disponíveis, relacionados com as causas de dissolução legal da sociedade conjugal. Somente quanto aos últimos haveria a possibilidade de reconhecimento expresso ou tácito da veracidade dos fatos alegados pelo autor.

24.3.2. INSUPORTABILIDADE DA VIDA EM COMUM

O revogado art. 319 do Código Civil de 1916 previa o perdão para o adultério, que se presumia se o cônjuge inocente, conhecendo-o, coabitasse com o culpado. Nesse caso, deixaria de ser causa para a separação judicial. Embora tal dispositivo legal não mais exista, o princípio que o inspirou foi, de certa forma, mantido e ampliado no art. 5º, *caput*, da Lei do Divórcio e no art. 1.572 do atual Código Civil, ao exigirem o requisito da "insuportabilidade da vida em comum". Se o cônjuge inocente, cientificado da falta cometida pelo outro (adultério, injúria grave ou qualquer outra), prossegue coabitando com o infrator, sem que a falta provoque a repulsa ao casamento, deve-se entender que, para ele, tal infração não tornou insuportável a vida em comum, tendo-a perdoado. E, assim, inexiste causa para a decretação da separação judicial. Ao demandado é que cabe a alegação e prova da exceção da suportabilidade da vida em comum.

O mencionado estatuto civil declara, no art. 1.573, exemplificativamente, que podem caracterizar a impossibilidade da comunhão de vida a ocorrência de adultério, tentativa de morte, sevícia ou injúria grave, abandono voluntário do lar conjugal durante um ano contínuo, condenação por crime infamante e conduta desonrosa, acrescentando, no parágrafo único, que o juiz "poderá considerar outros fatos que tornem evidente a impossibilidade da vida em comum".

Não se requer, no caso de tentativa de morte, haja condenação do agente no juízo criminal. A sua absolvição, contudo, fundada em prova da inexistência do fato ou da autoria, bem como de alguma excludente da antijuridicidade, pode elidir a ação de separação judicial por culpa do outro cônjuge. Conduta desonrosa é uma expressão bastante ampla, que se caracteriza pelo comportamento imoral, ilícito ou antissocial de um ou de ambos os cônjuges. Está mais vinculada aos efeitos colaterais do casamento, qualificados como deveres implícitos dos cônjuges. Incluem-se nessa expressão os casos de alcoolismo, toxicomania, namoro do cônjuge com terceiro, prática de crime, contaminação com doença venérea etc. Enfim, muitas daquelas hipóteses que eram enquadradas pela jurisprudência brasileira na categoria de injúria grave. Segundo Clóvis Beviláqua, esta abrange toda ofensa à honra, à respeitabilidade, à dignidade do cônjuge, quer consista em atos, quer em palavras. Se atinge o outro cônjuge diretamente, é infração de dever conjugal (dever de respeito e consideração mútuos); se só o atinge indiretamente, é conduta desonrosa, que pode caracterizar a impossibilidade da comunhão de vida.

24.3.3. RUPTURA DA VIDA EM COMUM E GRAVE DOENÇA MENTAL

Somente no *caput* do art. 1.572 do Código Civil temos separação-sanção. As duas hipóteses dos §§ 1º e 2º são de separação-remédio, porque não se discute culpa. As duas modalidades de divórcio (divórcio-conversão e divórcio direto) também são casos de dissolução-remédio, bem como a separação amigável. Na hipótese do § 1º, temos a separação por ruptura da vida em comum, também chamada de separação-falência (espécie de separação-remédio). O tempo de separação de fato exigido é "mais de um ano", impondo-se também prova da impossibilidade da reconstituição do casamento. Foi suprimida a expressão "consecutivo" do texto da Lei do Divórcio, permitindo interpretar ter sido autorizada a soma dos períodos de separação para integralização do prazo exigido, abolindo-se também a sanção, no tocante à partilha dos bens, que era imposta ao cônjuge que tomava a iniciativa da ação. No § 2º do aludido art. 1.572 também está prevista uma outra espécie de separação baseada na ideia de que o casamento, nas condições de fato em que se encontra, não mais preenche as suas finalidades, sendo conveniente a sua dissolução. Prescreve o aludido dispositivo: "O cônjuge pode ainda pedir a separação judicial quando o outro estiver acometido de doença mental grave, manifestada após o casamento, que torne impossível a continuação da vida em comum, desde que, após uma duração de dois anos, a enfermidade tenha sido reconhecida de cura improvável".

Também foi suprimida, no Código Civil de 2002, a possibilidade prevista no art. 6º da Lei do Divórcio de o juiz negar a separação nos casos de ruptura da vida em comum e por motivo de doença mental, se constituir causa de agravamento da doença ou determinar consequências morais de excepcional gravidade para os filhos menores. Tal possibilidade, denominada cláusula de dureza, foi trazida do direito francês e era aplicada pela jurisprudência somente em circunstâncias de excepcional gravidade e de prova indiscutível. Por seu turno, o § 3º do art. 1.572 do Código Civil contém regra pela qual o cônjuge que tomar a iniciativa da separação por doença mental do outro cônjuge sofrerá uma sanção: o seu consorte tornar-se-á proprietário exclusivo dos bens que trouxe para o casamento e da meação dos adquiridos posteriormente. Embora a redação do aludido parágrafo apresente-se ampla, na realidade acaba aplicando-se somente ao regime da comunhão universal de bens. O art. 226, § 6º, da Constituição Federal, que permitiu o divórcio direto após dois anos de separação de fato, já havia tornado inócuo e obsoleto (Theotonio Negrão fala em revogação virtual) o mencionado art. 6º da Lei do Divórcio, podendo ser feita idêntica afirmação no tocante aos §§ 2º e 3º do art. 1.572 do Código Civil, porque, se o casal já se encontra separado de fato há mais de dois anos, jamais irá, hoje, pleitear a separação por motivo de doença mental, pois poderá postular desde logo o divórcio direto, sem se sujeitar a qualquer espécie de sanção.

24.3.4. SEPARAÇÃO DE CORPOS

A separação judicial importa a separação de corpos e a partilha dos bens (CC, art. 1.575). Esta pode ser feita mediante proposta dos cônjuges e homologação do juiz ou por este decidida (art. 1.575, parágrafo único). Se não houver acordo para que a partilha se faça como no inventário, impor-se-á a liquidação pelo procedimento comum (art. 511, CPC), decidindo o juiz, a final. A separação de corpos poderá ser determinada como tutela provisória, nos moldes dos arts. 294 e s. do Código de Processo Civil de 2015. Tem-se admitido a separação de corpos mesmo quando o casal já se encontra separado de fato, como forma de dar-se juridicidade à separação do casal. A medida pode ser preparatória ou incidental e não se examinam as causas da futura separação judicial. Basta a prova do casamento, da necessidade da separação de corpos (CC, art. 1.562) e que o pedido se revista dos requisitos do art. 305 do Código de Processo Civil de 2015. O estatuto processual disciplina ainda o afastamento temporário de um dos cônjuges da morada do casal (CPC, arts. 294 s.), exigindo a propositura da ação principal no prazo de trinta dias.

Também é admissível a separação de corpos entre companheiros, uma vez que o art. 226, § 3º, da Constituição Federal reconhece a união estável como entidade familiar. Além disso, o art. 1.562 do Código Civil refere-se expressamente a essa possibilidade.

A Lei n. 11.340, de 7 de agosto de 2006, que criou mecanismos para coibir a violência doméstica e familiar contra a mulher, prevê que o juiz do Juizado de Violência Doméstica e Familiar contra a Mulher poderá, quando necessário, sem prejuízo de outras medidas protetivas de urgência: "(...) IV – determinar a separação de corpos" (art. 23).

24.4. DA PROTEÇÃO DA PESSOA DOS FILHOS

Na separação consensual ou no divórcio direto consensual, observar-se-á o que os cônjuges acordarem sobre a guarda dos filhos, dizia o art. 1.583 em sua redação original, presumindo-se que são os maiores interessados no futuro e no bem-estar da prole. Mas o juiz poderá recusar a homologação e não decretar a separação se não estiverem preservados os interesses dos filhos menores e dos maiores inválidos (CC, arts. 1.574, parágrafo único, e 1.590). Não vale, portanto, o que resolverem contrariamente à ordem pública ou ao interesse dos filhos. Não constitui óbice à homologação judicial da separação amigável omissão dos consortes sobre a guarda dos filhos. Nesse caso o juiz, deduzindo que os genitores não chegaram a um consenso a esse respeito, simplesmente homologará a separação por eles requerida. No tocante aos filhos, vinha sendo aplicado, analogicamente, o disposto no art. 1.548 do Código Civil, em sua redação original: "Decretada a separação judicial ou o divórcio sem que haja entre as partes acordo quanto à guarda dos filhos, será ela atribuída a quem revelar melhores condições para exercê-la. A inovação rompeu com o sistema que vincula a guarda dos filhos menores à culpa dos cônjuges". Não mais subsiste, portanto, a regra do art. 10 da Lei do Divórcio de que os filhos menores ficarão com o cônjuge que a ela não houver dado causa. Assim, mesmo que a mãe seja considerada culpada pela separação, pode o juiz deferir-lhe a guarda dos filhos menores, se estiver comprovado que o pai, por exemplo, é alcoólatra e não tem condições de cuidar bem deles. Não se indaga, portanto, quem deu causa à separação e quem é o cônjuge inocente, mas qual deles revela melhores condições para exercer a guarda dos filhos menores, cujos interesses foram colocados em primeiro plano. A solução será, portanto, a mesma se ambos os pais forem culpados pela separação e se a hipótese for de ruptura da vida em comum ou de separação por motivo de doença mental.

Verificado que os filhos não devem permanecer em poder da mãe ou do pai, o juiz deferirá a sua guarda preferencialmente a pessoa notoriamente idônea da família de qualquer dos cônjuges, que revele compatibilidade com a natureza da medida, considerados, de preferência, o grau de parentesco e as relações de afinidade e afetividade (CC, art. 1.584, § 5º, com a redação determinada pela Lei n. 13.058, de 22-12-2014). As referidas disposições sobre guarda dos filhos aplicam-se também em sede de tutela provisória de separação de corpos (art. 1.585) e de invalidade do casamento (art. 1.587).

Deve-se sempre dar prevalência aos interesses dos menores. Por isso, o art. 1.586 do Código Civil confere poderes ao juiz para, a bem deles, decidir de forma diferente dos critérios estabelecidos nos artigos anteriores, desde que comprovada a existência de motivos graves. A questão da guarda admite revisão, sempre a bem do menor, não havendo coisa julgada. O Código Civil não regulamenta a questão da guarda dos filhos nas separações de fato, mas a jurisprudência formada com base na Lei do Divórcio utilizava o critério do art. 13, correspondente ao art. 1.586 do Código Civil, para solucioná-la em ações de busca e apreensão entre pais separados apenas de fato. Como nenhum tem mais direito do que o outro, pois o poder familiar pertence a ambos, a tendência é manter o *statu quo*, deixando-se os filhos com quem se encontram até que, no procedimento da separação judicial, o juiz resolva definitivamente a situação, decidindo em favor do que revelar melhores condições para exercer a guarda. O juiz só estará autorizado a alterar o *statu quo*, na cautelar de busca e apreensão, a bem dos filhos e se o autor comprovar a existência dos referidos motivos graves.

O cônjuge que não ficou com a guarda dos filhos menores tem o direito de visitá-los. Dispõe o art. 1.589 do Código Civil: "O pai ou a mãe, em cuja guarda não estejam os filhos, poderá visitá-los e tê-los em sua companhia, segundo o que acordar com o outro cônjuge, ou for fixado pelo juiz, bem como fiscalizar sua manutenção e educação". Se não houver acordo dos pais, caberá ao juiz a regulamentação das visitas. Mesmo o cônjuge declarado culpado na ação de separação litigiosa, e que não ostentava melhores condições para exercer a guarda dos filhos menores, tem o direito de visitá-los. Tal direito, no entanto, pode ser restringido e até suprimido temporariamente, em situações excepcionais, quando as visitas estiverem sendo comprovadamente nocivas aos filhos. Embora não constasse da Lei n. 6.515/77 nem do Código Civil, a jurisprudência vinha assegurando também aos avós o direito de visitas aos netos. A Lei n. 12.398, de 28 de março de 2011, acrescentou parágrafo ao art. 1.589 do Código Civil e modificou o art. 888 do Código de Processo Civil de 1973, para assegurar aos avós, a critério do juiz, o direito de visita aos netos, depois do fim do relacionamento conjugal dos pais da criança ou do adolescente. A referida lei visa coibir a Síndrome da Alienação Parental. Preceitua o art. 1.590 do Código Civil que "as disposições relativas à guarda e prestação de alimentos aos filhos menores estendem-se aos maiores incapazes".

A retromencionada Lei n. 11.340, de 7 de agosto de 2006, prevê que o juiz do Juizado de Violência Doméstica e Familiar contra a Mulher poderá, quando necessário, sem prejuízo de outras medidas protetivas de urgência, aplicar ao agressor a "restrição ou suspensão de visitas aos dependentes menores, ouvida a equipe de atendimento multidisciplinar ou serviço similar" (art. 22, IV).

A Lei n. 11.698, de 13 de junho de 2008, trouxe profundas alterações na redação dos citados arts. 1.583 e 1.584 do Código Civil, regulamentando a guarda unilateral e a guarda compartilhada. Dispõe o § 1º do art. 1.583 do Código Civil, introduzido pela mencionada lei, que se compreende por guarda unilateral "a atribuída a um só dos genitores ou a alguém que o substitua".

Essa tem sido a forma mais comum: um dos cônjuges, ou alguém que o substitua, tem a guarda, enquanto o outro tem, a seu favor, a regulamentação de visitas. Tal modalidade apresenta o inconveniente de privar o menor da convivência diária e contínua de um dos genitores. Por essa razão, a supramencionada Lei n. 11.698/2008 procura incentivar a guarda compartilhada, que pode ser requerida por qualquer dos genitores, ou por ambos, mediante consenso, bem como ser decretada de ofício pelo juiz, em atenção a necessidades específicas do filho.

A Lei n. 13.058/2014, que modificou os arts. 1.583, 1.584, 1.585 e 1.634 do Código Civil, deu oportuno destaque, no § 5º do art. 1.583, à regra de que "a guarda unilateral obriga o pai ou a mãe que não a detenha a supervisionar os interesses dos filhos". E, para possibilitar tal supervisão, acrescentou que "qualquer dos genitores sempre será parte legítima para solicitar informações e/ou prestação de contas, objetivas ou subjetivas, em assuntos ou situações que direta ou indiretamente afetem a saúde física e psicológica e a educação de seus filhos".

O art. 1.583, § 1º, incorporado pela Lei n. 11.698/2008, conceitua a guarda compartilhada como "a responsabilização conjunta e o exercício de direitos e deveres do pai e da mãe que não vivam sob o mesmo teto, concernentes ao poder familiar dos filhos comuns".

A citada lei atribui a ambos os genitores responsabilidade conjunta, conferindo-lhes, de forma igualitária, o exercício dos direitos e deveres concernentes à autoridade parental. Trata-se, naturalmente, de modelo de guarda que não deve ser imposto como solução para todos os casos, sendo contraindicado para alguns, como, por exemplo, quando um dos genitores não reunir condições para bem cuidar do menor. Sempre, no entanto, que houver interesse dos pais e for conveniente para os filhos, a guarda compartilhada deve ser incentivada. Esta não se confunde com a guarda alternada, em que o filho passa um período com o pai e outro com a mãe. Na guarda compartilhada, a criança tem o referencial de uma casa principal, na qual vive com um dos genitores, ficando a critério dos pais planejar a convivência em suas rotinas quotidianas e, obviamente, facultando-se as visitas a qualquer tempo. Defere-se o dever de guarda de fato a ambos os genitores.

Consoante dispõe ainda o § 2º do citado art. 1.584, com a redação dada pela Lei n. 13.058/2014, "quando não houver acordo entre a mãe e o pai quanto à guarda do filho, encontrando-se ambos os genitores aptos a exercer o poder familiar, será aplicada a guarda compartilhada, salvo se um dos genitores declarar ao magistrado que não deseja a guarda do menor". O dispositivo em epígrafe estabelece uma prioridade: se não houver acordo entre os pais, o juiz deve determinar que a guarda seja compartilhada. E abre apenas duas exceções: se o pai ou a mãe declararem não desejar a guarda e se um deles não estiver apto para cuidar dos filhos.

Observa-se que, pelo sistema da Lei n. 11.698/2008, se não houvesse acordo entre o pai e a mãe, a guarda unilateral deveria ser concedida ao genitor que apresentasse "melhores condições" para exercê-la. A Lei n. 13.058/2014 alterou esse critério, estabelecendo que, quando não houver acordo entre o pai e a mãe, o juiz deve determinar, prioritariamente, que a guarda seja compartilhada, desde que ambos os genitores estejam aptos para cuidar dos filhos.

A lei impõe ao juiz o dever de informar os pais sobre o significado da guarda compartilhada, que prevê a similitude de deveres e direitos e sanções pelo descumprimento de suas cláusulas (CC, art. 1.584, § 1º). Prescreve o § 3º do art. 1.584, com a redação dada pela Lei n. 13.058/2014, que, "para estabelecer as atribuições do pai e da mãe e os períodos de convivência sob guarda compartilhada, o juiz, de ofício ou a requerimento do Ministério Público, poderá basear-se em orientação técnico-profissional ou de equipe interdisciplinar, que deverá visar à divisão equilibrada do tempo com o pai e com a mãe".

Com o objetivo de evitar a inobservância do que se pactuou, proclama o § 4º do art. 1.584 do Código Civil, implantado pela Lei n. 13.058/2014, que "a alteração não autorizada ou o descumprimento imotivado de cláusula de guarda, unilateral ou compartilhada, poderá implicar a redução de prerrogativas atribuídas ao seu detentor".

O sistema introduzido pela citada lei deixa de priorizar a guarda individual. Além de definir o que é guarda unilateral e guarda compartilhada, dá preferência ao compartilhamento (CC, art. 1.584, § 2º), por garantir maior participação de ambos os pais no crescimento e desenvolvimento da prole. Representa, portanto, um avanço.

24.5. A SÍNDROME DA ALIENAÇÃO PARENTAL

A Lei n. 12.318, de 26 de agosto de 2010, visa coibir a denominada alienação parental, expressão utilizada por Richard Gardner no ano de 1985 ao se referir às ações de guarda de filhos nos tribunais norte-americanos em que se constatava que a mãe ou o pai de uma criança a induzia a romper os laços afetivos com o outro cônjuge (*Parental Alienation Syndrome*).

A situação é bastante comum no cotidiano dos casais que se separam: um deles, magoado com o fim do casamento e com a conduta do ex-cônjuge, procura afastá-lo da vida do filho menor, denegrindo a sua imagem perante este e prejudicando o direito de visitas. Cria-se, nesses casos, em relação ao menor, a situação conhecida como "órfão de pai vivo".

A lei em apreço deixou claro, no art. 2º, o que caracteriza a alienação parental, transcrevendo uma série de condutas que se enquadram na referida síndrome, sem, todavia, considerar taxativo o rol apresentado. Faculta, assim, o reconhecimento, igualmente, dos atos assim considerados pelo magistrado ou constatados pela perícia. Estendeu ela os seus efeitos não apenas aos pais, mas também aos avós e quaisquer outras pessoas que tenham a guarda ou a vigilância (guarda momentânea) do incapaz. Esclareceu, também, como o Judiciário pode agir para reverter a situação. O juiz pode, por exemplo, afastar o filho do convívio da mãe ou do pai, mudar a guarda e o direito de visita e até impedir a visita. Como última solução, pode ainda destituir ou suspender o exercício do poder parental.

A referida lei fortaleceu o direito fundamental à convivência familiar, regulamentado no Capítulo III do Estatuto da Criança e do Adolescente e que diz respeito ao direito da criança ou adolescente ao convívio com ambos os pais. O art. 4º estabelece o rito procedimental a ser observado. Tem ela, no entanto, mais um caráter educativo, no sentido de conscientizar os pais, uma vez que o Judiciário já vinha tomando providências para proteger o menor, quando detectado um caso da aludida síndrome.

É perfeitamente admissível, com base no art. 2º da referida Lei n. 12.318/2010, a cumulação do pedido de declaração da alienação parental com o de condenação ao ressarcimento do dano moral.

24.6. DO USO DO NOME

Na separação consensual, o cônjuge decide livremente a respeito do uso do sobrenome do outro. A omissão no acordo sobre essa questão não deve ser interpretada como renúncia, pois tem ele o direito de continuar a usar o nome do ex-consorte. Na separação litigiosa, a solução encontra-se no art. 1.578 e §§ 1º e 2º do Código Civil. Qualquer dos cônjuges "declarado culpado na ação de separação judicial" perde o direito de usar o sobrenome do outro. Porém, a aplicação dessa sanção é condicionada a expresso requerimento pelo cônjuge inocente e desde que a alteração não acarrete: a) evidente prejuízo para a sua identificação; b) manifesta distinção entre o seu nome de família e o dos filhos havidos da união dissolvida; c) dano grave reconhecido na decisão judicial (art. 1.578, *caput*, I a III). Verifica-se, assim, que o culpado só pode continuar usando o sobrenome que adotou quando do casamento se com isso concordar o outro cônjuge. Contudo, mesmo havendo essa oposição, será possível mantê-lo nas hipóteses excepcionadas pelo mencionado art. 1.578.

O inciso I aplica-se às pessoas que se tornaram famosas nos meios artístico, cultural, literário etc. usando o sobrenome do outro cônjuge, enfim, quando esse sobrenome estiver ligado às suas atividades comerciais ou industriais. O inciso II, aos casos em que os filhos foram registrados só com o apelido familiar do pai, sem o da mãe. Se a mulher perder o sobrenome do marido, haverá manifesta distinção entre o que passará a usar e o dos filhos. Aplica-se também à hipótese em que os filhos foram registrados só com o sobrenome da mãe. O inciso III destina-se, genericamente, aos casos em que o cônjuge conseguir provar, por sentença, que sofrerá dano grave com a perda do sobrenome do outro.

O cônjuge considerado inocente na separação em que se discute culpa poderá optar por conservar o sobrenome do outro. Neste caso, terá a possibilidade de renunciar ao seu uso a qualquer tempo (art. 1.578, § 1º). Assim, se na separação amigável a mulher optou por conservar o nome do ex-marido, pode a qualquer tempo voltar a usar o de solteira, requerendo ao juiz (que não precisa ser o que homologou a separação, podendo ser o de seu domicílio) que determine a averbação da alteração no registro civil. É a única cláusula da separação amigável que pode ser alterada unilateralmente. Nos demais casos, caberá ao cônjuge a opção pela conservação do nome de casado (art. 1.578, § 2º).

Todas essas regras aplicam-se a ambos os cônjuges, tendo em vista que hoje, em face da isonomia constitucional, o homem pode adotar, no casamento, o sobrenome da mulher. O uso do nome do outro cônjuge, nos casos especificados, não é, entretanto, absoluto. Se a mulher, por exemplo, após a separação, mesmo vitoriosa na ação de separação, passa a ter conduta imoral ou desonrosa, agindo de modo a enxovalhar o nome do ex-marido, este poderá ajuizar ação ordinária para cassar esse direito, pela superveniente alteração das circunstâncias. No entanto, somente motivos muito graves e devidamente comprovados poderão acarretar a perda do direito ao uso do sobrenome do outro, se o cônjuge não renunciou a eles, na separação. Se o fez, não poderá voltar a usá-lo posteriormente. Admite-se a retificação do nome da viúva, para exclusão do patronímico do esposo falecido (TJSP, 2ª Câm., Ap. 15.071-4-Campinas, j. 10-2-1998).

O Código Civil de 2002 não disciplinou o uso do sobrenome do ex-cônjuge após o divórcio. Tal uso não era permitido, salvo nas três hipóteses reproduzidas no art. 1.578 do Código Civil, incisos I a III, acrescentadas à Lei do Divórcio pela Lei n. 8.408, de 13 de fevereiro de 1992. Impõe-se concluir que o tema foi exaurido no referido art. 1.578, não mais subsistindo a aludida proibição. Desse modo, havendo divórcio direto ou por conversão, será facultado ao cônjuge manter o sobrenome de casado, salvo se, neste último caso, houver determinação em contrário na sentença de separação judicial.

NOTA DO AUTOR: *Com a aprovação da Emenda Constitucional n. 66/2010, não poderá haver nenhuma repercussão de eventual culpa na manutenção ou perda do direito de usar o sobrenome de casado, após o divórcio. O referido art. 1.578 deve ser tido* *como revogado, por incompatibilidade com a nova ordem constitucional estabelecida pela "PEC do Divórcio". Seja como for, o nome incorpora-se à personalidade da pessoa, sendo por isso incluído no rol dos direitos da personalidade disciplinados no Código Civil (arts. 16 a 19) e na Carta Magna (art. 5º, X, quando se refere à "vida privada") e amparado pelo princípio constitucional da dignidade humana (CF, art. 1º, III). Desse modo, a utilização do sobrenome de casado, após o divórcio (ou a separação de direito, para os que ainda a admitem), pelo cônjuge, culpado ou não pelo rompimento do casamento, constitui uma faculdade deste, pois está incorporado à sua personalidade.*

24.7. RESTABELECIMENTO DA SOCIEDADE CONJUGAL

Dispõe o art. 1.577 do Código Civil: "Seja qual for a causa da separação judicial e o modo como esta se faça, é lícito aos cônjuges restabelecer, a todo tempo, a sociedade conjugal, por ato regular em juízo. Parágrafo único. A reconciliação em nada prejudicará o direito de terceiros, adquirido antes e durante o estado de separado, seja qual for o regime de bens". O requerimento deve ser formulado por ambos os cônjuges, perante o juízo competente, que é o da separação judicial, sendo reduzido a termo assinado pelos cônjuges e homologado por sentença, depois da manifestação do Ministério Público. Com a reconciliação, os cônjuges voltarão a usar o nome que usavam antes da dissolução da sociedade conjugal. O regime de bens também será o mesmo, porque o restabelecimento far-se-á nos mesmos termos em que a sociedade fora constituída. Somente se o casal se divorciou é que poderá unir-se novamente com outro regime de bens, mas não pelo restabelecimento da sociedade conjugal, e sim mediante novo casamento (LD, art. 33). É possível, todavia, em caso de separação judicial, a alteração do regime de bens por ocasião da reconciliação, mediante autorização judicial, se houver "pedido motivado de ambos os cônjuges, apurada a procedência das razões invocadas e ressalvados os direitos de terceiros" (CC, art. 1.639, § 2º).

25 DO DIVÓRCIO

25.1. INTRODUÇÃO

O divórcio foi introduzido no Brasil pela Emenda Constitucional n. 9, de 28 de junho de 1977, que deu nova redação ao § 1º do art.

175 da Constituição de 1969, não só suprimindo o princípio da indissolubilidade do vínculo matrimonial como também estabelecendo os parâmetros da dissolução, que seria regulamentada por lei ordinária. O Decreto n. 181, de 1890, que instituiu o casamento civil no Brasil, previa o divórcio *a thoro et mensa*, que acarretava somente a separação de corpos, mas não rompia o vínculo matrimonial. O divórcio vincular ou "a vínculo", que dissolve o vínculo e permite novo casamento, somente passou a ser aplicado no Brasil com a regulamentação da emenda constitucional pela Lei n. 6.515, de 26 de dezembro de 1977. A sua modalidade básica era o divórcio-conversão: primeiramente o casal se separava judicialmente, e depois de três anos requeria a conversão da separação em divórcio. O divórcio direto era uma forma excepcional, prevista nas disposições transitórias (art. 40), ao alcance somente dos casais que já estavam separados de fato há mais de cinco anos em 28 de junho de 1977.

A Constituição de 1988 modificou, no entanto, esse panorama, reduzindo o prazo da separação judicial para um ano, no divórcio-conversão, e criando uma modalidade permanente e ordinária de divórcio direto, desde que comprovada a separação de fato por mais de dois anos. A Lei n. 7.841, de 17 de outubro de 1989, limitou-se a adaptar a Lei do Divórcio à nova Constituição. Deu, porém, nova redação ao art. 40 da referida lei, excluindo qualquer possibilidade de discussão a respeito da causa eventualmente culposa da separação. O único requisito exigido para o divórcio direto passou a ser, assim, a comprovação da separação de fato por mais de dois anos.

O Código Civil de 2002 limita-se a proclamar que o divórcio é uma das causas que ensejam o término da sociedade conjugal, tendo o condão de dissolver o casamento válido (art. 1.571, IV e § 1º). O art. 1.579 reproduz o texto do art. 27 da Lei do Divórcio, reiterando a inalterabilidade dos direitos e deveres dos pais em relação aos filhos, em decorrência quer do divórcio, quer do novo casamento de qualquer deles. Além disso, regula a conversão da separação em divórcio (art. 1.580), dispensa a partilha (art. 1.581) e menciona as pessoas legitimadas a propor a ação (art. 1.582). Não há nenhuma sanção para o cônjuge que tiver a iniciativa de ajuizá-la. Podemos dizer, desse modo, que as duas modalidades atuais e ordinárias (permanentes) de divórcio existentes no país, divórcio-conversão e divórcio direto, têm características de divórcio-remédio. Não se deveria, assim, admitir qualquer discussão sobre culpa no divórcio direto. Quem pretendesse a condenação do outro cônjuge, com aplicação de sanções, como a perda do direito a alimentos e de conservar o sobrenome do ex-cônjuge, deveria propor a separação judicial com base no art. 1.572, *caput*, e depois de um ano requerer sua conversão em divórcio. Entretanto, os juízes, por economia processual, têm admitido a discussão sobre a culpa nessas ações, mas para os efeitos mencionados, e não para a decretação do divórcio.

O caráter personalíssimo da ação de divórcio vem ressaltado no art. 1.582 do Código Civil, ao estatuir que o pedido "somente competirá aos cônjuges". No entanto, em caso de incapacidade, poderá haver substituição pelo curador, ascendente ou irmão, uns em falta de outros (art. 1.582, parágrafo único). O divórcio, bem como o novo casamento dos pais, não modifica os direitos e deveres destes em relação aos filhos (art. 1.579 e parágrafo único). Findo o casamento, com o divórcio, extinguem-se também os deveres e os direitos alimentários, decorrentes do dever de mútua assistência, salvo se ficarem estabelecidos antes da dissolução do vínculo matrimonial. O novo casamento (ou a união estável) do cônjuge credor da pensão extinguirá a obrigação do cônjuge devedor, mas, se este vier a casar-se, ou a viver em união estável com outra pessoa, o novo casamento (ou união) não alterará a sua obrigação.

25.2. DIVÓRCIO-CONVERSÃO

Há duas modalidades: formulado por ambos (consensual) ou formulado por um só dos cônjuges (litigioso). Prescrevia o art. 1.580 do Código Civil: "Decorrido um ano do trânsito em julgado da sentença que houver decretado a separação judicial, ou da decisão concessiva da medida cautelar de separação de corpos, qualquer das partes poderá requerer sua conversão em divórcio". Esse prazo, todavia, deixou de existir com a aprovação da Emenda Constitucional n. 66/2010, que deu nova redação ao § 6º do art. 226 da Constituição Federal, eliminando a exigência de prazos para o divórcio. Malgrado a lei não mencione o consensual, a sua admissibilidade é tranquila na prática. Pode ser formulado perante o juízo do domicílio de qualquer dos ex-cônjuges, ainda que diverso do juízo por onde tramitou a ação de separação judicial (cf. LD, arts. 47 e 48). Embora haja uma tendência natural de os ex-cônjuges manterem as cláusulas convencionadas ou determinadas na separação, nada obsta que as modifiquem, especialmente as referentes a alimentos, guarda dos filhos menores, regulamentação de visitas etc.

No tocante à partilha, dispunha o art. 31 da Lei do Divórcio: "Não se decretará o divórcio se ainda não houver sentença definitiva de separação judicial, ou se esta não tiver decidido sobre a partilha dos bens". Desse modo, sem prévia partilha não se decretava a conversão da separação em divórcio. Contudo, o Código Civil de 2002 trouxe significativa alteração nesse aspecto ao permitir, expressa e genericamente, a concessão do divórcio "sem que haja prévia partilha de bens" (art. 1.581). A jurisprudência já havia assumido essa posição desde o advento da Constituição Federal de 1988, que não impôs nenhuma restrição ao admitir a dissolução do casamento pelo divórcio, nem mesmo a decisão sobre a "partilha dos bens" (LD, art. 31) ou o "descumprimento das obrigações assumidas pelo requerente na separação" (art. 36, parágrafo único, II). Se a partilha tiver sido convencionada no acordo de conversão, a Fazenda Pública deverá ser ouvida, em razão de seu eventual interesse no imposto de reposição (decorrente da diferença de quinhões, equivalendo a uma doação).

Dispensa-se a fase conciliatória no processo de conversão consensual, não prevista na lei, mas a petição inicial deve ser assinada pelas próprias partes e por advogado, ou só por este, se tiver poderes especiais. O Ministério Público será necessariamente ouvido se o processo envolver "interesse de incapaz" (CPC, art. 178, II). O procedimento é de jurisdição voluntária.

Na conversão litigiosa, o juiz conhecerá diretamente do pedido, quando não houver contestação ou necessidade de produzir prova em audiência, e proferirá a sentença em dez dias (LD, art. 37), diferentemente do que acontece na ação de separação judicial. É que a ação de conversão funda-se precipuamente em prova pré-constituída. Por tratar-se de divórcio-remédio, em que não se discute culpa, não se admite reconvenção (art. 36), mesmo porque da sentença "não constará referência à causa que a determinou" (CC, art. 1.580, § 1º). Podem ser arguidas, ainda, as objeções a que se refere o art. 337 do Código de Processo Civil de 2015 (como a inépcia da inicial, defeito de representação etc.).

A sentença limitar-se-á à conversão da separação em divórcio.

25.3. DIVÓRCIO DIRETO

Como retromencionado, a Emenda Constitucional n. 66/2010 autoriza o divórcio direto sem o requisito temporal. Não se exige a demonstração da causa da separação, mas a exibição da certidão de casamento. O divórcio direto pode ser consensual ou litigioso, sendo suficiente, em qualquer caso, a comprovação da juntada da certidão de casamento, sem qualquer indagação da causa da dissolução. No divórcio direto consensual (LD, art. 40, § 2º), o procedimento adotado era o previsto nos arts. 1.120 a 1.124 do Código de Processo Civil de 1973, observadas ainda as seguintes normas: "(...) II – a petição fixará o valor da pensão do cônjuge que dela necessitar para sua manutenção, e indicará as garantias para o cumprimento da obrigação assumida; (...) IV – a partilha dos bens deverá ser homologada pela sentença do divórcio" (art. 40, § 2º).

Em razão da entrada em vigor da Emenda Constitucional n. 66/2010, foram excluídos os incisos I, que dispunha sobre a comprovação da separação de fato, e III, relativo à produção de prova testemunhal e audiência de ratificação, porque incompatíveis com a supressão das causas subjetivas e objetivas decorrentes da nova redação conferida ao § 6º do art. 226 da Constituição Federal. Aduza-se que o art. 733 do Código de Processo Civil de 2015 autoriza a realização do divórcio consensual por escritura pública.

O procedimento a ser seguido, com a entrada em vigor do Código de Processo Civil de 2015, é o previsto nos arts. 731 e s. Dispõe o mencionado dispositivo: "Art. 731. A homologação do divórcio ou da separação consensuais, observados os requisitos legais, poderá ser requerida em petição assinada por ambos os cônjuges, da qual constarão: I – as disposições relativas à descrição e à partilha dos bens comuns; II – as disposições relativas à pensão alimentícia entre os cônjuges; III – o acordo relativo à guarda dos filhos incapazes e ao regime de visitas; e IV – o valor da contribuição para criar e educar os filhos. Parágrafo único. Se os cônjuges não acordarem sobre a partilha dos bens, far-se-á esta depois de homologado o divórcio, na forma estabelecida nos arts. 647 a 658".

O divórcio direto requerido por um só dos cônjuges (litigioso) seguirá o procedimento previsto nos arts. 693 a 699 do novo diploma processual civil. Nada obsta a iniciativa por aquele que deu causa ao rompimento da convivência familiar. Como o processo de conhecimento exaure-se com a sentença desconstitutiva do vínculo, não deverá esta antecipar-se quanto à partilha dos bens do casal, que ficará reservada ao juízo sucessivo da execução. O Superior Tribunal de Justiça já vinha decidindo que o "divórcio direto pode ser concedido sem que haja prévia partilha dos bens" (Súmula 197). A referida Corte também decidiu que o separado judicialmente pode optar pelo divórcio direto em vez do divórcio-conversão: "Não impede a lei que o separado judicialmente opte por ajuizar o divórcio direto, ocorrendo os pressupostos deste, até porque não é razoável que o separado de fato lhe tenha direito maior" (4ª T., REsp 9.924-MG, *DJU*, 1º jul. 1991, p. 9202, Seção I, ementa). Não constitui óbice à decretação do divórcio direto o descumprimento de obrigações alimentares, devendo tal questão ser resolvida em sede de execução de alimentos.

O Código Civil não vincula a produção de efeitos da sentença de divórcio ao seu registro "no Registro Público competente", como o fazia o art. 32 da Lei do Divórcio. Contudo, o art. 1.525, V, do Código Civil exige que o divorciado instrua o processo de habilitação ao novo casamento com certidão do "registro da sentença de divórcio". Na realidade, o vínculo matrimonial desconstitui-se pela sentença transitada em julgado, reclamando-se o seu registro apenas para efeitos colaterais. O oficial do registro civil exigirá prova do registro da sentença, no processo de habilitação, para fins administrativos, ou seja, para evitar que, ao ser feito o registro do novo casamento, ainda não conste dos livros de registro a notícia da desconstituição do anterior, dando a impressão de que teria havido bigamia. Esta, porém, somente ocorrerá se o segundo casamento se realizar antes da sentença definitiva do divórcio, que rompe o primeiro casamento.

As questões correlatas, como a guarda e proteção dos filhos, alimentos, partilha dos bens e sobrenome a ser utilizado podem ser objeto de discussão e contestação, para os fins próprios, sem prejudicar a decretação do divórcio. A partilha dos bens, segundo expressamente dispõe o art. 1.581 do Código Civil, pode ser discutida em outra ocasião. Nessas questões, não se discutirá a causa ou a culpa pelo fim do casamento. No tocante à guarda dos filhos, discutir-se-á apenas o melhor interesse destes. No que tange aos alimentos, importará saber apenas da necessidade de quem os pede e da possibilidade do outro cônjuge. Não se poderá decretar a perda do direito do uso do sobrenome do outro consorte, com base no reconhecimento da culpa, como já dito.

Quadro sinótico – Da dissolução da sociedade conjugal

1. Conceito	Sociedade conjugal é o complexo de direitos e obrigações que formam a vida em comum dos cônjuges.
2. Causas terminativas	As causas terminativas da sociedade conjugal estão especificadas no art. 1.571 do CC: **morte** de um dos cônjuges, **nulidade** ou **anulação** do casamento, **separação judicial** e **divórcio**. A **morte** que a extingue é a **real**. O CC/2002, porém, incluiu entre as causas de dissolução a **morte presumida** do ausente (§ 1º), que se configura "nos casos em que a lei autoriza a abertura de sucessão definitiva" (art. 6º). Passou a admitir ainda a declaração de morte presumida, **sem decretação de ausência**, para todos os efeitos, nos casos do art. 7º, I e II.

A) Da separação judicial

1. Espécies	**a)** separação consensual ou por mútuo consentimento dos cônjuges casados há mais de um ano (CC, art. 1.574); **b)** separação judicial a pedido de um dos cônjuges ou litigiosa (CC, art. 1.572).
2. Efeitos em relação aos consortes	A separação judicial põe termo aos deveres de coabitação e fidelidade recíproca e ao regime de bens (CC, art. 1.576). Permanecem, porém, os outros três deveres impostos pelo art. 1.566 do CC: mútua assistência; sustento, guarda e educação dos filhos; respeito e consideração mútuos.

3. Separação judicial consensual	Características	A separação requerida por ambos os cônjuges (amigável ou consensual) é procedimento típico de **jurisdição voluntária**, em que o juiz administra interesses privados. Não há litígio, pois ambos os cônjuges buscam a mesma solução: a homologação judicial do acordo por eles celebrado (CC, art. 1.574).
	Requisito	A vantagem dessa modalidade é que os separandos não precisam declinar o motivo da separação. O **único requisito** exigido, havendo consenso mútuo, é estarem os nubentes casados há mais de um ano. Imprescindível, pois, a anexação à inicial da certidão de casamento.
	Procedimento	O capítulo do CC que disciplina a dissolução da sociedade conjugal não contém normas procedimentais. Impõe-se concluir, pois, que as existentes na Lei do Divórcio (Lei n. 6.515/77) continuam em vigor. O art. 34 da mencionada lei dispõe que a separação consensual far-se-á pelo procedimento previsto nos arts. 731 a 734 do CPC, mas acrescentando outras regras. *V.* ainda art. 733 do CPC.
4. Separação judicial litigiosa	Espécies	a) **Separação-sanção**: quando um dos consortes imputar ao outro qualquer ato que importe grave violação dos deveres do casamento e torne insuportável a vida em comum (CC, art. 1.572, *caput*). b) **Separação-falência**: se um dos cônjuges provar ruptura da vida em comum há mais de um ano e a impossibilidade de sua reconstituição (§ 1º). c) **Separação-remédio**: quando o outro cônjuge estiver acometido de doença mental grave, manifestada após o casamento, que torne impossível a continuação da vida em comum, desde que, após uma duração de dois anos, a enfermidade tenha sido reconhecida de cura improvável (§ 2º).
	Procedimento	— pode ser precedida de separação de corpos (CC, art. 1.562); — segue o rito ordinário; — é obrigatória a realização de audiência prévia de conciliação; — a iniciativa da ação é privativa dos cônjuges. No caso de incapacidade, serão representados por curador, ascendente ou irmão (CC, art. 1.576); — é competente o foro do domicílio da mulher (Lei n. 6.515/77, art. 52); — é admitido, depois de decretada a separação, o restabelecimento da sociedade conjugal (CC, art. 1.577).

B) Do divórcio

1. Conceito	O divórcio é uma das causas que ensejam o término da sociedade conjugal, tendo o condão de dissolver o casamento válido mediante sentença judicial, habilitando as pessoas a contrair novas núpcias.	
2. Espécies	a) divórcio-conversão	— consensual (formulado por ambos os cônjuges); — litigioso (formulado por um só dos cônjuges: CC, art. 1.580).
	b) divórcio direto	— consensual; — litigioso (CC, art. 1.580, § 2º).
3. Divórcio-conversão	Litigioso	"Decorrido um ano do trânsito em julgado da sentença que houver decretado a separação judicial, ou da decisão concessiva da medida cautelar de separação de corpos, qualquer das partes poderá requerer sua conversão em divórcio" (CC, art. 1.580, *caput*).
	Consensual	Malgrado a lei não mencione o **consensual**, a sua admissibilidade é tranquila na prática. Pode ser formulado perante o juízo do domicílio de qualquer dos ex-cônjuges, ainda que diverso do juízo por onde tramitou a ação de separação judicial.
4. Divórcio direto	Espécie	Pode ser consensual ou litigioso, sendo suficiente, em qualquer caso, a comprovação da separação de fato por mais de 2 anos, sem qualquer indagação da sua causa.
	Divórcio direto consensual	O procedimento adotado será o previsto nos arts. 731 a 734 do CPC, observadas ainda outras normas especificadas no art. 40, § 2º, I a IV, da Lei do Divórcio. O divórcio pode ser concedido sem que haja prévia partilha de bens (CC, art. 1.581).
	Divórcio direto litigioso	Seguirá o procedimento ordinário ou comum (CPC, art. 318 e s.).

Subtítulo II
DAS RELAÇÕES DE PARENTESCO

Capítulo I
DISPOSIÇÕES GERAIS

26 INTRODUÇÃO

As pessoas unem-se em uma família em razão de vínculo conjugal ou união estável, de parentesco por consanguinidade ou outra origem e da afinidade. Em sentido estrito, a palavra "parentesco" abrange somente o consanguíneo, definido como a relação que vincula entre si pessoas que descendem umas das outras, ou de um mesmo tronco. Em sentido amplo, no entanto, inclui o parentesco por afinidade e o decorrente da adoção ou de outra origem, como algumas modalidades de técnicas de reprodução medicamente assistida. Denominou-se, em outros tempos, de agnação o parentesco que se estabelece pelo lado masculino, e de cognação, o que se firma pelo lado feminino. Afinidade é o vínculo que se estabelece entre um dos cônjuges ou companheiro e os parentes do outro. Parentesco civil é o resultante da adoção ou outra origem (CC, art. 1.593). Recebe esse nome por tratar-se de uma criação da lei.

27 O VÍNCULO DE PARENTESCO: LINHAS E GRAUS

O vínculo de parentesco estabelece-se por linhas: reta e colateral, e a contagem faz-se por graus. Parentes em linha reta são as pessoas que descendem umas das outras: bisavô, avô, pai, filho, neto e bisneto. A linha reta é ascendente quando se sobe de determinada pessoa para os seus antepassados (do pai para o avô etc.). É descendente quando se desce dessa pessoa para os seus descendentes.

São parentes em linha colateral, transversal ou oblíqua as pessoas que provêm de um tronco comum, sem descenderem uma da outra (CC, art. 1.592). É o caso de irmãos, tios, sobrinhos e primos. Na linha reta não há limite de parentesco; na colateral, este estende-se somente até o quarto grau.

Grau é a distância, em gerações, que vai de um a outro parente. Na linha reta, contam-se os graus pelo número de gerações. Assim, pai e filho são parentes em linha reta em primeiro grau. Já avô e neto são parentes em segundo grau, porque entre eles há duas gerações. Na linha colateral, a contagem faz-se também pelo número de gerações. Parte-se de um parente situado em uma das linhas, subindo-se, contando as gerações, até o tronco comum, e descendo pela outra linha, continuando a contagem das gerações, até encontrar o outro parente (CC, art. 1.594). Assim, irmãos são colaterais em segundo grau. Partindo-se de um deles, até chegar ao tronco comum conta-se uma geração. Descendo pela outra linha, logo depois de uma geração já se encontra o outro irmão. Tios e sobrinhos são colaterais em terceiro grau; primos, em quarto. O parentesco mais próximo na linha colateral é o de segundo grau, existente entre irmãos. Não há parentesco em primeiro grau na linha colateral, porque quando contamos uma geração ainda estamos na linha reta.

A linha colateral pode ser igual (como no caso de irmãos, porque a distância que os separa do tronco comum, em número de gerações, é a mesma) ou desigual (como no caso de tio e sobrinho, porque este se encontra separado do tronco comum por duas gerações e aquele por apenas uma). Pode ser também duplicada, como no caso de dois irmãos que se casam com duas irmãs. Neste caso, os filhos que nascerem dos dois casais serão parentes colaterais em linha duplicada.

28 ESPÉCIES DE PARENTESCO – A MULTIPARENTALIDADE

Dispunha o art. 332 do Código Civil de 1916 que o parentesco era legítimo ou ilegítimo, segundo procedesse ou não de casamento, e natural ou civil, conforme resultasse de consanguinidade ou adoção. Se, por exemplo, os pais fossem casados, os irmãos seriam legítimos; se não, seriam ilegítimos. Tal dispositivo foi expressamente revogado pela Lei n. 8.560, de 29 de dezembro de 1992. A intenção do legislador foi adaptar o referido diploma ao art. 227, § 6º, da Constituição, que proclama terem os filhos, havidos ou não da relação do casamento, ou por adoção, os mesmos direitos e qualificações, proibidas quaisquer designações discriminatórias relativas à filiação. Essa regra foi reproduzida *ipsis litteris* no art. 1.596 do atual Código Civil. Não mais podem, portanto, os filhos ser chamados, discriminatoriamente, de legítimos, ilegítimos ou adotivos, a não ser em doutrina.

Preceitua o art. 1.593 do Código Civil que o parentesco "é natural ou civil, conforme resulte de consanguinidade ou outra origem". Esta pode ser, exemplificativamente, a adoção ou inseminação artificial heteróloga. Sob o prisma legal, não pode haver diferença entre parentesco natural e civil, especialmente quanto à igualdade de direitos e proibição de discriminação. Devem todos ser chamados apenas de parentes.

O aludido art. 1.593 do Código Civil, ao utilizar a expressão "outra origem", "abre espaço ao reconhecimento da paternidade desbiologizada ou socioafetiva, em que, embora não existam elos de sangue, há laços de afetividade que a sociedade reconhece como mais importantes que o vínculo consanguíneo" (Washington de Barros Monteiro, *Curso de direito civil*, v. 2, p. 294).

Nessa linha, tem o Superior Tribunal de Justiça proclamado que o vínculo socioafetivo, conforme o caso concreto, pode prevalecer sobre a verdade biológica (STJ, REsp 1.078.285-MS) e que a maternidade socioafetiva deve ser reconhecida, mesmo no caso em que a mãe tenha registrado filha de outra pessoa como sua (STJ, REsp 1.000.356-SP).

Destaque-se a aceitação, na doutrina, da possibilidade de reconhecimento da dupla parentalidade ou multiparentalidade. Por outro lado, já surgiram algumas decisões afastando a escolha entre o vínculo biológico e o socioafetivo e admitindo a hipótese de a pessoa ter dois pais ou duas mães em seu registro civil. O Supremo Tribunal Federal, em 21 de setembro de 2016, negou pedido de reconhecimento de preponderância da paternidade socioafetiva sobre a biológica, fixando tese de repercussão geral. A decisão admitiu a multiparentalidade, com a manutenção dos pais afetivos e biológicos. Proclamou a referida Corte que a existência de pai socioafetivo não tira deveres do pai biológico, como o de pagar alimentos (RE 898.060, Rel. Min. Luiz Fux, disponível em *Revista Consultor Jurídico* de 22-9-2016).

O casamento e a união estável dão origem ao parentesco por afinidade. Cada cônjuge ou companheiro torna-se parente por afinidade dos parentes do outro. Se um dos cônjuges ou companheiros tem parentes em linha reta (pais, filhos), estes se tornam parentes por afinidade em linha reta do outro cônjuge ou companheiro. Essa afinidade em linha reta pode ser ascendente (sogro, sogra, padrasto e madrasta, que são afins em 1º grau) e descendente (genro, nora, enteado e enteada, no mesmo grau de filho ou filha, portanto afins em 1º grau). Cunhados (irmãos de um e de outro cônjuge ou companheiro) são afins na linha colateral em segundo grau. A afinidade é um vínculo de ordem jurídica e decorre somente da lei. Como a afinidade é relação de natureza estritamente pessoal, cujos limites são traçados na lei, ela não se estabelece entre os parentes dos cônjuges ou companheiros, sendo que os afins de cada um não o são entre si (concunhados não são afins entre si). E, no caso de novo casamento ou união estável, os afins da primeira comunhão de vidas não se tornam afins do cônjuge ou companheiro da segunda. "Na linha reta, a afinidade não se extingue com a dissolução do casamento ou da união estável" (CC, art. 1.595, § 2º). Assim, falecendo a esposa ou companheira, o marido ou companheiro continua ligado à sogra pelo vínculo da afinidade. Se se casar novamente, terá duas sogras. Na linha colateral, contudo, a morte de um dos cônjuges ou companheiros faz desaparecer a afinidade. Nada impede, assim, o casamento do viúvo com a cunhada. Se a dissolução da sociedade conjugal se der pela separação judicial, que não rompe o vínculo, subsiste a afinidade entre o cônjuge separado e os parentes do consorte. Com o divórcio e consequente rompimento do vínculo, não mais persiste a afinidade. Nos casos de nulidade ou de anulabilidade, somente persistirá a afinidade se reconhecida a putatividade do casamento.

Quadro sinótico – Das relações de parentesco

<table>
<tr><td rowspan="2">1. Conceito</td><td>a) Em sentido estrito</td><td>A palavra "parentesco" abrange somente o consanguíneo, definido como a relação que vincula entre si pessoas que descendem umas das outras, ou de um mesmo tronco.</td></tr>
<tr><td>b) Em sentido amplo</td><td>Inclui o parentesco por afinidade e o decorrente da adoção ou de outra origem, como algumas modalidades de técnicas de reprodução medicamente assistida. Afinidade é o vínculo que se estabelece entre um dos cônjuges ou companheiro e os parentes do outro. Parentesco civil é o resultante da adoção ou outra origem (CC, art. 1.593).</td></tr>
<tr><td>2. Vínculo de parentesco</td><td colspan="2">Estabelece-se por linhas: reta e colateral, e a contagem faz-se por graus.</td></tr>
<tr><td>3. Parentesco em linha reta</td><td colspan="2">Parentes em linha reta são as pessoas que descendem umas das outras: bisavô, avô, pai, filho, neto e bisneto. A linha reta é ascendente quando se sobe de determinada pessoa para os seus antepassados (do pai para o avô etc.). É descendente quando se desce dessa pessoa para os seus descendentes (CC, art. 1.591).</td></tr>
<tr><td>4. Parentesco em linha colateral</td><td colspan="2">São parentes em linha colateral, transversal ou oblíqua as pessoas que provêm de um tronco comum, sem descenderem uma da outra (CC, art. 1.592). É o caso de irmãos, tios, sobrinhos e primos. Na linha reta não há limite de parentesco; na colateral, este estende-se somente até o quarto grau.</td></tr>
<tr><td>5. Contagem em graus</td><td colspan="2">— Grau é a distância, em gerações, que vai de um a outro parente.
— Na linha reta, contam-se os graus pelo número de gerações (pai e filho são parentes em primeiro grau; avô e neto, em segundo grau).
— Na linha colateral, a contagem faz-se também pelo número de gerações. Parte-se de um parente situado em uma das linhas, subindo-se, contando as gerações, até o tronco comum, e descendo pela outra linha, continuando a contagem das gerações, até encontrar o outro parente (CC, art. 1.594). Assim, irmãos são colaterais em segundo grau.</td></tr>
<tr><td>6. Espécies de parentesco</td><td colspan="2">a) natural: resulta da consanguinidade;
b) civil: resulta de outra origem, como, p. ex., a adoção ou inseminação artificial heteróloga (CC, art. 1.593);
c) por afinidade: origina-se do casamento e da união estável (CC, art. 1.595).</td></tr>
</table>

Capítulo II

DA FILIAÇÃO

29 INTRODUÇÃO

Filiação é a relação de parentesco consanguíneo, em primeiro grau e em linha reta, que liga uma pessoa àquelas que a geraram ou a receberam como se a tivessem gerado. Todas as regras sobre parentesco consanguíneo estruturam-se a partir da noção de filiação. A Constituição de 1988 (art. 227, § 6º) estabeleceu absoluta igualdade entre todos os filhos, não admitindo mais a retrógrada distinção entre filiação legítima ou ilegítima, segundo os pais fossem casados ou não, e adotiva, que existia no Código Civil de 1916. Hoje, todos são apenas filhos, uns havidos fora do casamento, outros em sua constância, mas com iguais direitos e qualificações.

30 PRESUNÇÃO LEGAL DE PATERNIDADE

O Código Civil, no capítulo referente à filiação, enumera as hipóteses em que se presume terem os filhos sido concebidos na constância do casamento. Embora tal noção não tenha mais interesse para a configuração da filiação legítima, continua sendo importante para a incidência da presunção legal de paternidade. Essa presunção, que vigora quando o filho é concebido na constância do casamento, é conhecida pelo adágio romano *pater is est quem justae nuptiae demonstrant*, segundo o qual é presumida a paternidade do marido no caso de filho gerado por mulher casada. Comumente, no entanto, é referida de modo abreviado: presunção *pater is est*. Destina-se a preservar a paz familiar.

Dispõe o art. 1.597 do Código Civil que se presumem concebidos na constância do casamento os filhos: "I – nascidos cento e oitenta dias, pelo menos, depois de estabelecida a convivência conjugal; II

– nascidos nos trezentos dias subsequentes à dissolução da sociedade conjugal, por morte, separação judicial, nulidade e anulação do casamento; III – havidos por fecundação artificial homóloga, mesmo que falecido o marido; IV – havidos, a qualquer tempo, quando se tratar de embriões excedentários, decorrentes de concepção artificial homóloga; V – havidos por inseminação artificial heteróloga, desde que tenha prévia autorização do marido". Baseiam-se os dois primeiros incisos do aludido dispositivo nos períodos mínimo e máximo de gestação viável. O prazo de cento e oitenta dias começa a fluir não da data da celebração do casamento, mas do momento em que se estabelece a convivência conjugal (caso de pessoas que se casam por procuração). No inciso II, como as separações judiciais, divórcios e anulações não se resolvem em um dia, é evidente que o prazo deve iniciar-se da separação de fato, devidamente comprovada.

Se o filho nascer depois dos trezentos dias, a contar da morte do marido, não o socorrerá a presunção de legitimidade, e, neste caso, aos herdeiros caberá o direito de propor ação impugnativa da filiação. Preceitua, a propósito, o art. 1.598 do Código Civil: "Salvo prova em contrário, se, antes de decorrido o prazo previsto no inciso II do art. 1.523, a mulher contrair novas núpcias e lhe nascer algum filho, este se presume do primeiro marido, se nascido dentro dos trezentos dias a contar da data do falecimento deste e, do segundo, se o nascimento ocorrer após esse período e já decorrido o prazo a que se refere o inciso I do art. 1.597".

A presunção de concepção dos filhos na constância do casamento, prevista no art. 1.597, II, do Código Civil, se estende à união estável. Esse o entendimento manifestado pelo Superior Tribunal de Justiça, com a seguinte fundamentação: "Assim, admitida pelo ordenamento jurídico pátrio (art. 1.723 do CC), inclusive pela CF (art. 226, § 3º), a união estável e reconhecendo-se nela a existência de entidade familiar, aplicam-se-lhe as disposições contidas no art. 1.597, II, do CC" (STJ, REsp 1.194.059-SP).

Em regra, a presunção de paternidade do art. 1.597 do Código Civil é *juris tantum*, admitindo prova em contrário. Pode, pois, ser ilidida pelo marido, mediante ação negatória de paternidade, que é imprescritível (art. 1.601). Não incidirá se o filho nascer antes de a convivência conjugal completar cento e oitenta dias. O Código Civil de 1916, todavia, considerava absoluta tal presunção, inadmitindo contestação quando o filho nascia antes do referido prazo, e o marido, antes de casar, tivera ciência da gravidez da mulher ou assistira a lavrar-se o termo de nascimento sem contestar a paternidade (art. 339, I e II). O diploma de 2002 optou pelo critério biológico, suprimindo as limitações à contestação. A justificativa para a supressão do dispositivo que, no Projeto, reproduzia o mencionado art. 339 foi a seguinte: "Correto, porém, o entendimento de não mais coadunar-se o dispositivo com a atual evolução do Direito de Família, a substituir a verdade ficta pela verdade real, amparado pelo acesso aos modernos meios de produção de prova. Hão de prevalecer os legítimos interesses do menor quanto à sua verdade real biológica..." (*Relatório Geral da Comissão Especial do Código Civil*, p. 69). Compreensível, desse modo, não bastar a confissão materna para excluir a paternidade (art. 1.602), nem o adultério da mulher, ainda que confessado (art. 1.600). No entanto, a "prova da impotência do cônjuge para gerar, à época da concepção, ilide a presunção da paternidade" (art. 1.599). Exigia o Código de 1916 que a impotência fosse absoluta, isto é, total, insuscetível de ser sanada por intervenção médica. O atual diploma, todavia, não considera mais necessário que seja absoluta, o que reflete o avanço das provas técnicas existentes para a demonstração da filiação, dentre as quais se destaca o exame de DNA. Só a impotência *generandi* (não a *coeundi* ou instrumental) pode ser arguida pelo marido, provando a ausência total de espermatozoides em seu líquido seminal (azoospermia). A mutilação, que poderia ser uma espécie de impotência instrumental, inviabiliza a fecundação natural pela impossibilidade de ejaculação, mas não a inseminação artificial. Somente incide a presunção *pater is est* se houver convivência do casal. Com o desenvolvimento da ciência e a possibilidade de se realizarem exames que apurem a paternidade com certeza científica, especialmente por meio de DNA, cuja molécula contém o código genético pela herança cromossômica de cada indivíduo, prevalecerá a verdade biológica.

31 AÇÃO NEGATÓRIA DE PATERNIDADE

No sistema do Código Civil de 1916, a presunção *pater is est* mostrava-se rigorosa, pois, se o casal vivia sob o mesmo teto e o marido não se achava fisicamente impossibilitado de manter relação sexual com a mulher, não teria como ilidi-la, mesmo provando o adultério por ela praticado. O marido só podia contestar a paternidade do filho nascido de sua mulher provando que, no período em que esta engravidou (de 6 a 10 meses antes do nascimento), encontrava-se fisicamente impossibilitado de coabitar com ela ou que já estavam legalmente separados. Dentre as hipóteses de impossibilidade física de coabitação a jurisprudência incluía a impotência *generandi* (esterilidade), desde que absoluta, e a separação de fato.

O Código Civil de 2002, contudo, suprimiu todas as limitações à contestação da paternidade e declarou imprescritível a ação negatória, levando em conta o desenvolvimento da ciência e a possibilidade de se apurar o "pai biológico" com a desejada certeza científica, em razão da evolução dos exames hematológicos. Conhecida também como ação de contestação de paternidade, a ação negatória destina-se a excluir a presunção legal de paternidade. A legitimidade ativa é privativa do marido (art. 1.601). Só ele tem a titularidade, a iniciativa da ação, mas, uma vez iniciada, passa a seus herdeiros (art. 1.601, parágrafo único), se vier a falecer durante o seu curso. Assim, nem mesmo o curador do marido interdito poderia ajuizar tal ação. Corrente mais consentânea com a realidade, à qual se filia Pontes de Miranda, sustenta que a iniciativa do curador deve ser acolhida quando as circunstâncias evidenciam de forma ostensiva que o marido não é o pai.

Legitimado passivamente para esta ação é o filho, mas, por ter sido efetuado o registro pela mãe – e porque objetiva-se desconstituir um ato jurídico, retirando do registro civil o nome que figura como o do pai –, deve ela também integrar a lide, na posição de ré. Se o filho é falecido, a ação deve ser movida contra seus herdeiros (normalmente a mãe é a herdeira).

Mesmo que o marido não tenha ajuizado a negatória de paternidade, tem sido reconhecido ao filho o direito de impugnar a paternidade, com base no art. 348 do Código Civil de 1916, correspondente ao art. 1.604 do atual diploma, provando o erro ou a falsidade do registro. Mais se evidenciou essa possibilidade com o advento da Lei n. 8.560/92, elaborada com o intuito de conferir maior proteção aos filhos, por permitir que a investigação da paternidade, mesmo adulterina, seja proposta contra o homem casado, ou pelo filho da mulher casada contra o seu verdadeiro pai; e por permitir, também, no art. 8º, a retificação, por decisão judicial, ouvido o Ministério Público, dos "registros de nascimento anteriores à data da presente lei". O Estatuto da Criança e do Adolescente (Lei n. 8.069/90) também contribuiu para que a rigidez da presunção legal de paternidade existente no Código Civil de 1916 fosse afastada, ao dispor, no art. 27: "O reconhecimento do estado de filiação é direito personalíssimo, indisponível e imprescritível, podendo ser exercitado contra os pais ou seus herdeiros, sem qualquer restrição".

Como reflexo dessa evolução, a Quarta Câmara do Superior Tribunal de Justiça, no julgamento do Recurso Especial n. 4.987, deferiu a produção de prova pericial (exame de DNA) em ação negatória de paternidade movida por marido que vivia com a mulher e não estava impossibilitado de manter relações sexuais com ela. Havia somente a prova do adultério da mulher, que o referido estatuto também considerava insuficiente. Frisou o acórdão: "Na fase atual da evolução do Direito de Família, é injustificável o fetichismo de normas ultrapassadas em detrimento da verdade real, sobretudo quando em prejuízo de legítimos interesses de menor. Deve-se ensejar a produção de provas sempre que ela se apresentar imprescindível à boa realização da justiça". O mesmo Superior Tribunal de Justiça já decidira: "Nada obsta que se prove a falsidade do registro no âmbito da ação investigatória de paternidade, a teor da parte final do artigo 348 do CC (de 1916, correspondente ao art. 1.604 do atual). O cancelamento do registro, em tais circunstâncias, será consectário lógico e jurídico da eventual procedência do pedido de investigação, não se fazendo mister, pois, cumulação expressa" (STJ, 3ª T., REsp 40.690-0-SP, Rel. Min. Costa Leite, j. 21-2-1995, v.u.). Por sua vez, decidiu o Tribunal de Justiça de São Paulo: "Investigação de paternidade. Filho adulterino *a matre*. Propositura de ação contra o verdadeiro pai, sem contestação do pai presumido. Admissibilidade. Presunção de legitimidade revogada pela Lei 8.560/92. Mãe adúltera que mantém a vida marital. Hipótese que não configura impedimento. Alteração dos registros de nascimento permitida pelo artigo 8º da citada lei. Recurso não provido" (TJSP, 1ª Câm., Ap. 238.397-1-Campinas, Rel. Des. Guimarães e Souza, j. 9-5-1995, v.u.).

Tem o Superior Tribunal de Justiça decidido que, para obter êxito em ação negatória de paternidade, é necessário comprovar a inexistência de vínculo genético e, além disso, de vínculo social e afetivo. Assim, exame de DNA negativo não basta para anular registro de nascimento. Para a Quarta Câmara da aludida Corte, "em conformidade com os princípios do Código Civil de 2002 e a Constituição Federal de 1988, o êxito em ação negatória de paternidade depende da demonstração, a um só tempo, da inexistência de origem biológica e também de que não tenha sido constituído o estado de filiação, fortemente marcado pelas relações socioafetivas e edificado na convivência familiar" (4ª T., Rel. Min. Luis Felipe Salomão, in www.editoramagister.com, de 29-2-2012).

Capítulo III

DO RECONHECIMENTO DOS FILHOS

32 FILIAÇÃO HAVIDA FORA DO CASAMENTO

Os filhos de pais casados não precisam ser reconhecidos, pois a paternidade, pelo sistema do Código Civil, decorre do casamento dos pais. O filho havido fora do casamento, porém, não é beneficiado pela presunção legal de paternidade que favorece aqueles. Embora entre ele e seu pai exista o vínculo biológico, falta o vínculo jurídico de parentesco, que só surge com o reconhecimento. Antes da atual Constituição, os filhos de pais não casados entre si eram chamados de ilegítimos e podiam ser naturais ou espúrios. Naturais, quando entre os pais não havia impedimento para o casamento. Espúrios, quando não era permitida a união conjugal dos pais. Estes podiam ser adulterinos, se o impedimento resultasse do fato de um deles ou de ambos serem casados, e incestuosos, se decorresse do parentesco próximo, como entre pai e filha ou entre irmão e irmã. Os adulterinos podiam ser *a patre*, se resultassem de adultério praticado pelo pai, ou *a matre*, se de adultério praticado pela mãe. Podiam ser, ao mesmo tempo, adulterinos *a patre* e *a matre*, em geral quando pai e mãe, embora vivessem juntos, fossem casados com outros, mas estivessem apenas separados de fato.

Essa classificação só pode ser lembrada, agora, na doutrina, pois o art. 227, § 6º, da Constituição proíbe qualquer distinção entre os filhos, havidos ou não do casamento, inclusive no tocante às designações. A expressão "filho ilegítimo" foi substituída por "filho havido fora do casamento" (art. 1º da Lei n. 8.560/92; CC, arts. 1.607, 1.609 e 1.611). Este pode ser reconhecido pelos pais, conjunta ou separadamente (CC, art. 1.607). Se a mãe, não sendo casada, comparece ao registro civil para registrar o filho, não pode exigir o lançamento do nome do pai, salvo se este estiver presente e consentir, ou se aquela exibir procuração, com poderes específicos para tal declaração (art. 59 da LRP). Não há igual restrição para o lançamento do nome da mãe, visto que se considera a maternidade sempre certa (*mater semper certa est*).

O reconhecimento voluntário constitui espécie de ato jurídico em sentido estrito que exige capacidade do agente. Os menores de 16 anos, portanto, não podem fazê-lo (CC, art. 3º). O único caminho, *in casu*, é a investigação de paternidade. Aos relativamente incapazes permite-se o reconhecimento. Há alguma dúvida sobre a necessidade ou não de estarem assistidos. Se o reconhecimento for feito pela via testamentária, não se exigirá a assistência, porque o testamento pode ser feito por menor púbere, independentemente de assistência de seu representante legal (CC, art. 1.860, parágrafo único), mas produzirá efeitos somente após a sua morte. Podem, também, declarar a paternidade perante o oficial do registro civil, para lavratura do termo, sem assistência, porque se trata de declaração de um fato. Para a lavratura de escritura pública, como ato autêntico, será exigida a assistência de seu representante.

33 MODOS DE RECONHECIMENTO DOS FILHOS

O reconhecimento pode ser voluntário (perfilhação) ou judicial (também chamado de "coativo" ou "forçado"), por meio de ação de investigação de paternidade. O reconhecimento voluntário será feito, segundo o art. 1.609 do Código Civil: "I – no registro do nascimento; II – por escritura pública ou escrito particular, a ser arquivado em cartório; III – por testamento, ainda que incidentalmente manifestado; IV – por manifestação direta e expressa perante o juiz, ainda que o reconhecimento não haja sido o objeto único e principal do ato que o contém". São cinco, pois, atualmente, os modos de reconhecimento dos filhos. Qualquer que seja a forma, será sempre irrevogável (CC, art. 1.610). Embora o testamento seja essencialmente revogável, não poderá sê-lo na parte em que o testador reconheceu o filho havido de relação extramatrimonial. Não se deve confundir irrevogabilidade do reconhecimento com invalidade. Se o reconhecimento decorrer de vício do consentimento (coação, p. ex.), poderá ser objeto de ação anulatória.

33.1. RECONHECIMENTO VOLUNTÁRIO

O reconhecimento voluntário, ou perfilhação, pode ser feito no registro de nascimento, no próprio termo, mediante declaração por um ou por ambos os pais. Se o filho já estiver registrado em nome de um deles, o outro também poderá fazer o reconhecimento no próprio termo, mediante averbação judicial ou a pedido da parte, como prescreve o art. 1.609, I, do Código Civil. Assim preleciona Mário Aguiar Moura (*Tratado prático da filiação*, 2. ed., Aide, v. 1, p. 232). Poderá, se o preferir, efetuar nesse caso o reconhecimento por escritura pública ou escrito particular, que também serão averbados. A escritura pode ser lavrada especificamente para o reconhecimento, ou este pode fazer-se incidentemente em escritura que tenha outros objetivos imediatos. Embora seja recomendável a anuência da mãe, para evitar futura impugnação, a lei não exige a sua oitiva, nem consta tal exigência do Provimento n. 494/93, do Conselho Superior da Magistratura do Tribunal de Justiça de São Paulo, que traçou diretrizes para o registro de filhos havidos fora do matrimônio após a vigência da Lei n. 8.560/92. Sendo beneficiada a criança, nenhum obstáculo deve ser colocado à averbação do reconhecimento em seu registro de nascimento, prevalecendo o ato até que, por meio de ação própria, seja declarada a sua ineficácia.

O reconhecimento voluntário de filho pode ser feito, também, por escrito particular, a ser arquivado em cartório (CC, art. 1.609, II). O Código Civil de 1916 só o admitia como começo de prova para a ação de investigação de paternidade. No atual diploma, vale por si só, como reconhecimento, desde que expresso. Depois da averbação por determinação judicial, o documento permanecerá arquivado em Cartório. Pode-se agora, então, reconhecer um filho por codicilo, já que este é um escrito particular, datado e assinado pelo *de cujus* (art. 1.881). É proibido reconhecer o filho na ata do casamento (Lei n. 8.560/92, art. 3º), para evitar referência a sua origem extramatrimonial. Com essa finalidade, também não se fará, nos registros de nascimento, qualquer referência à natureza da filiação, à sua ordem em relação a outros irmãos do mesmo prenome, exceto gêmeos, ao lugar e cartório do casamento dos pais e ao estado civil destes (art. 5º). Igualmente, das certidões de nascimento não constarão indícios de a concepção haver sido decorrente de relação extraconjugal, não devendo constar, em qualquer caso, o estado civil dos pais e a natureza da filiação, bem como o lugar e cartório do casamento, proibida referência à apontada Lei n. 8.560/92, salvo autorizações ou requisições judiciais de certidões de inteiro teor (art. 6º).

O reconhecimento pode preceder o nascimento do filho já concebido (CC, art. 1.609, parágrafo único), mas o filho que haja falecido só poderá ser reconhecido se tiver deixado descendentes (para evitar reconhecimentos por interesse, pois, se não deixou descendente algum, os seus bens irão para o ascendente que o reconheceu). O art. 27 do Estatuto da Criança e do Adolescente preceitua que o reconhecimento do estado de filiação pode ser exercitado, hoje, sem qualquer restrição, observado apenas o segredo de justiça. E o art. 1.596 do Código Civil, reproduzindo o texto constitucional, proclama que os filhos, "havidos ou não da relação de casamento, ou por adoção, terão os mesmos direitos e qualificações, proibidas quaisquer designações discriminatórias relativas à filiação". Filhos adulterinos e incestuosos podem, assim, ser reconhecidos, ainda que os seus pais estejam casados. Mesmo o adulterino *a matre* pode ajuizar a qualquer tempo ação de investigação de paternidade contra o verdadeiro pai, afastando desse modo os efeitos da presunção *pater is est*.

O filho havido fora do casamento, "reconhecido por um só dos cônjuges, não poderá residir no lar conjugal sem o consentimento do outro" (CC, art. 1.611), mas o art. 15 do Decreto-Lei n. 3.200/41 determina que, nesse caso, caberá ao pai ou à mãe prestar ao filho reconhecido, fora do lar, idêntico tratamento ao que dispensa ao filho havido no casamento, se o tiver, correspondente à condição social em que viva. O filho reconhecido, enquanto menor, ficará sob a guarda do genitor que o reconheceu, e, "se ambos o reconheceram e não houver acordo, sob a de quem melhor atender aos interesses do menor" (CC, art. 1.612). O reconhecimento é incondicional: não se pode subordiná-lo a condição ou a termo (art. 1.613). O filho maior não pode ser reconhecido sem o seu consentimento, e o menor pode impugnar o reconhecimento, nos quatro anos que se seguirem à maioridade, ou à emancipação (art. 1.614). Não vale, assim, o reconhecimento do filho maior sem a sua anuência, mas esta pode ser dada posteriormente, sanando-se a omissão. Independe de forma especial. Se menor de idade, poderá impugnar o reconhecimento no quatriênio que se seguir à aquisição da capacidade civil, por meio da ação de contestação ou impugnação de reconhecimento. Nada impede que ingresse antes com a ação, enquanto menor, se devidamente representado ou assistido. Na referida ação, poderá alegar a incapacidade do reconhecente ou inveracidade ou falsidade da afirmação da paternidade ou maternidade.

O reconhecimento produz todos os efeitos a partir do momento de sua realização e é retroativo (*ex tunc*), ou seja, retroage à data do nascimento, sendo de natureza declaratória. Será admitida a ação anulatória de reconhecimento sempre que se verificar a sua desconformidade com a verdadeira filiação biológica. Preceitua o art. 113 da Lei dos Registros Públicos: "As questões de filiação legítima ou ilegítima serão decididas em processo contencioso para anulação ou reforma de assento". Tem legitimidade para anular o assento e desconstituir reconhecimento voluntário de paternidade não presumida todo aquele que tenha justo interesse em contestar a ação investigatória, ou seja, todas as pessoas afetadas, direta ou indiretamente, como o filho reconhecido, a mãe, os filhos e pretensos irmãos, bem como aquele que se diz verdadeiro pai e mesmo outros herdeiros. O Ministério Público figura entre os que têm legitimidade, quando se tratar de questão que diga respeito a interesse de incapaz (CPC, art. 178, II). Por essa razão, a ação é imprescritível. Assim, provando-se a falsidade ideológica do registro de reconhecimento de paternidade não presumida, poderá ser-lhe alterado e retificado o conteúdo, como se extrai do disposto no art. 1.604 do Código Civil.

33.2. RECONHECIMENTO JUDICIAL (INVESTIGAÇÃO DE PATERNIDADE E MATERNIDADE)

O filho não reconhecido voluntariamente pode obter o reconhecimento forçado ou coativo, por meio da ação de investigação de paternidade, de natureza declaratória e imprescritível (ação de estado). Trata-se de direito personalíssimo e indisponível (ECA, art. 27). Os efeitos da sentença que declara a paternidade, como se viu, são os mesmos do reconhecimento voluntário e também *ex tunc*: retroagem à data do nascimento (CC, art. 1.616). Quando se trata de ação de investigação de paternidade cumulada com pedido de alimentos, tem aplicação a Súmula 277 do Superior Tribunal de Justiça, *verbis*: "Julgada procedente a investigação de paternidade, os alimentos são devidos a partir da citação". Embora a ação seja imprescritível, os efeitos patrimoniais do estado da pessoa prescrevem. Por essa razão, preceitua a Súmula 149 do Supremo Tribunal Federal: "É imprescritível a ação de investigação de paternidade, mas não o é a de petição de herança". Esta prescreve em dez anos (art. 205), a contar não da morte do suposto pai, mas do momento em que foi reconhecida a paternidade. É que o prazo de prescrição somente se inicia quando surge o direito à ação, e este só nasce com o reconhecimento.

A ação de investigação de paternidade é, assim, um inafastável pressuposto para o ajuizamento da ação de petição de herança. Não corre contra o filho não reconhecido a prescrição da ação de petição de herança. Geralmente, essa ação é cumulada com a de investigação de paternidade, estando implícita a anulação da partilha, se já inventariados os bens. O pedido, no entanto, deverá ser expresso nesse sentido. Trata-se de ação que interessa ao espólio, devendo ser citados os herdeiros. Se o filho foi reconhecido e já completou dezesseis anos, o prazo prescricional começa a fluir da data da abertura da sucessão, pois não se pode litigar a respeito de herança de pessoa viva. Se ainda não alcançou essa idade, começa a correr somente na data em que a atingir (art. 198, I).

33.2.1. LEGITIMIDADE PARA A AÇÃO

A legitimidade ativa é do filho. O reconhecimento do estado de filiação é direito personalíssimo, por isso, a ação é privativa dele. Se menor, será representado pela mãe ou tutor. Não é correto a mãe ajuizar a ação. Esta deve ser proposta pelo menor, representado pela mãe. Se o filho morrer antes de iniciá-la, seus herdeiros e sucessores ficarão inibidos para o ajuizamento, salvo se "ele morrer menor e incapaz" (CC, art. 1.606). Se já tiver sido iniciada, têm eles legitimação para continuá-la, salvo se julgado extinto o processo (art. 1.606, parágrafo único). No caso de morte do autor de ação de investigação de paternidade, nada impede que o herdeiro testamentário ingresse no feito, dando-lhe seguimento. Autorizado não apenas pela disposição de última vontade do *de cujus* quanto à transmissão de seu patrimônio, mas também pelo art. 1.606 do Código Civil, que permite o prosseguimento da ação de investigação de paternidade pelos herdeiros, independentemente de serem eles sucessores pela via legítima ou testamentária. A substituição processual é legítima (STJ, 3ª T., Rel. Min. Marco A. Belluzzi, disponível em *Revista Consultor Jurídico* de 25-10-2016).

Hoje, a ação pode ser ajuizada sem qualquer restrição (ECA, art. 27), isto é, por filhos adulterinos e incestuosos, mesmo durante o casamento dos pais. Já reconheceu o Superior Tribunal de Justiça, no entanto, válida a pretensão dos filhos, substituindo o pai, em investigar a filiação deste, junto ao avô (relação avoenga), dirigindo a lide contra os referidos herdeiros, especialmente em face da Constituição e da inexistência de qualquer limitação no Código Civil (STJ, REsp 269-RS, Rel. Min. Waldemar Zveiter, *DJU*, 7 jun. 1990). Também a Lei n. 8.560/92 permite que a referida ação seja ajuizada pelo Ministério Público, na qualidade de parte, havendo elementos suficientes, quando o oficial do registro civil encaminhar ao juiz os dados sobre o suposto pai, fornecidos pela mãe ao registrar o filho (art. 2º, § 4º), ainda que o registro de nascimento tenha sido lavrado anteriormente à sua promulgação (STJ, REsp 169.728-MG, *DJU*, 21 set. 1998).

A legitimidade passiva recai no suposto pai. Se já for falecido, a ação deverá ser dirigida contra os seus herdeiros. Havendo descendentes ou ascendentes, a mulher do falecido não participará da ação, se não concorrer com estes à herança, salvo como representante de filho menor. Não é correto mover a ação contra o espólio do falecido pai. O espólio não tem personalidade jurídica, não passando de um acervo de bens. O art. 27 do Estatuto da Criança e do Adolescente menciona expressamente "os herdeiros" do suposto pai, mas referida ação pode ser contestada por qualquer pessoa que justo interesse tenha (CC, art. 1.615). A defesa pode, assim, ser apresentada pela mulher do réu, pelos filhos havidos no casamento ou filhos reconhecidos anteriormente, bem como outros parentes sucessíveis. Se não houver herdeiros sucessíveis conhecidos, a ação deverá ser movida contra eventuais herdeiros, incertos e desconhecidos, citados por editais. O município, que recolhe os bens não existindo herdeiros sucessíveis, estando na posse dos bens, será citado, em razão dos interesses patrimoniais em conflito, envolvendo a petição de herança (CC, art. 1.824).

33.2.2. FATOS QUE ADMITEM A INVESTIGAÇÃO DE PATERNIDADE

A ação de investigação de paternidade pode ser ajuizada sem restrição, por qualquer filho havido fora do casamento. O art. 363 do Código Civil de 1916 exigia a prova de um dos seguintes fatos: a) que ao tempo da concepção sua mãe estava concubinada com o pretendido pai; b) que a concepção coincidiu com o rapto de sua mãe pelo suposto pai, ou de suas relações sexuais com ela; c) que existe escrito daquele a quem se atribui a paternidade, reconhecendo-a expressamente. Bastava a prova, pelo menor, de uma dessas hipóteses. A defesa apresentada pelo réu, em geral, era a negativa do fato. Se este, no entanto, estivesse provado, costumava-se opor a *exceptio plurium concubentium* (exceção do concubinato plúrimo), que consiste na alegação de que a mulher, à época da concepção, manteve relações sexuais com outro homem. Se tal alegação fosse comprovada, estaria lançada a dúvida sobre a paternidade, e esta seria suficiente para a improcedência da ação. O exame de sangue, quando o resultado era positivo, significava apenas a possibilidade de o réu ser o pai, mas não afirmava a paternidade com certeza absoluta. Somente quando o resultado era negativo é que a paternidade era excluída, de forma incontestável.

Hoje, no entanto, com o exame de DNA, é possível afirmar-se a paternidade com um grau praticamente absoluto de certeza. A incerteza trazida aos autos pela exceção oposta pelo réu já não conduz, necessariamente, à improcedência da ação. Por essa razão, o atual Código Civil não especifica os casos em que cabe a investigação da paternidade. Poderá ser requerido, assim, como único meio de prova, o exame hematológico. Tem o Superior Tribunal de Justiça, porém, enfatizado a importância da prova da posse do estado de filho na ação de investigação de paternidade ou maternidade socioafetiva. Decidiu, com efeito, a Terceira Turma da aludida Corte que a busca do reconhecimento de vínculo de filiação socioafetiva é possível por meio de ação de investigação de paternidade ou maternidade, desde que seja verificada a posse do estado de filho. A ação de investigação de paternidade ou maternidade socioafetiva deve ser interpretada de modo flexível, aplicando-se analogicamente as regras da filiação biológica (3ªT., Rel. Min. Nancy Andrighi, in www.editoramagister.com, de 16-9-2011).

É necessário frisar que ninguém pode ser constrangido a fornecer amostras do seu sangue para a realização da prova pericial. No entanto, a negativa do réu pode levar o juiz, a quem a prova é endereçada, a interpretá-la de forma desfavorável a este, máxime havendo outros elementos indiciários. A propósito, preceitua o art. 231 do Código Civil: "Aquele que se nega a submeter-se a exame médico necessário não poderá aproveitar-se de sua recusa". Complementa o art. 232: "A recusa à perícia médica ordenada pelo juiz poderá suprir a prova que se pretendia obter com o exame". Por seu turno, proclama a Súmula 301 do Superior Tribunal de Justiça: "Em ação investigatória, a recusa do suposto pai a submeter-se ao exame de DNA induz presunção *juris tantum* de paternidade". E o parágrafo único do art. 2º-A, acrescentado à Lei n. 8.560/92 pela Lei n. 12.004, de 29 de julho de 2009, preceitua: "A recusa do réu em submeter-se ao exame de código genético--DNA gerará a presunção da paternidade, a ser apreciada em conjunto com o contexto probatório".

Se a mulher se submeter à inseminação artificial e engravidar, malgrado a inexistência de legislação específica no País, não se poderá negar ao filho o direito de investigar a paternidade (ECA, art. 27). Se a mulher for casada e a inseminação feita sem a permissão do marido, pode este negar a paternidade.

33.2.3. AÇÃO DE INVESTIGAÇÃO DE MATERNIDADE

Referida ação, embora rara, é reconhecida ao filho, que pode endereçá-la contra a mãe ou seus herdeiros, pois os arts. 1.606 e 1.616 do Código Civil não fazem nenhuma distinção ou limitação à investigação da filiação. O art. 364 do Código Civil de 1916 impedia o seu ajuizamento quando tivesse por fim atribuir prole ilegítima à mulher casada ou incestuosa à solteira. Tais restrições não mais subsistem, em face da atual Constituição, do citado art. 27 do Estatuto da Criança e do Adolescente e dos mencionados dispositivos do Código Civil em vigor. Assim, pode hoje o filho, mesmo incestuoso, mover ação de investigação de maternidade sem qualquer restrição, seja sua mãe solteira ou casada.

Quadro sinótico – Da filiação

<table>
<tr><td>1. Conceito</td><td colspan="2">Filiação é a relação de parentesco consanguíneo, em primeiro grau e em linha reta, que liga uma pessoa àquelas que a geraram ou a receberam como se a tivessem gerado. A CF/88 (art. 227, § 6º) estabeleceu absoluta igualdade entre todos os filhos.</td></tr>
<tr><td rowspan="2">2. Presunção legal de paternidade</td><td>Hipóteses (CC, art. 1.597)</td><td>Presumem-se concebidos na constância do casamento os filhos:
a) nascidos 180 dias, pelo menos, depois de estabelecida a convivência conjugal;
b) nascidos nos 300 dias subsequentes à dissolução da sociedade conjugal, por morte, separação judicial, nulidade e anulação do casamento;
c) havidos por fecundação artificial homóloga, mesmo que falecido o marido;
d) havidos, a qualquer tempo, quando se tratar de embriões excedentários, decorrentes de concepção artificial homóloga;
e) havidos por inseminação artificial heteróloga, desde que tenha prévia autorização do marido.</td></tr>
<tr><td>Efeitos</td><td>Em regra, a presunção de paternidade do art. 1.597 do CC é juris tantum, admitindo prova em contrário. Pode, pois, ser ilidida pelo marido, mediante ação negatória de paternidade, que é imprescritível (CC, art. 1.601). Não incidirá se o filho nascer antes de a convivência conjugal completar 180 dias.</td></tr>
<tr><td>3. Ação negatória de paternidade</td><td colspan="2">– Conhecida também como ação de contestação de paternidade, destina-se a excluir a presunção legal de paternidade.
– A legitimidade ativa é privativa do marido (CC, art. 1.601). Só ele tem a titularidade, a iniciativa da ação, mas, uma vez iniciada, passa a seus herdeiros, se vier a falecer durante o seu curso.
– Legitimado passivamente para esta ação é o filho, mas, por ter sido efetuado o registro pela mãe, deve ela também integrar a lide, na posição de ré.
– Mesmo que o marido não tenha ajuizado a negatória de paternidade, tem sido reconhecido ao filho o direito de impugnar a paternidade, com base no art. 1.604 do CC, provando o erro ou a falsidade do registro.</td></tr>
</table>

4. Reconhecimento dos filhos	Conceito	Constitui espécie de ato jurídico em sentido estrito, pelo qual se declara a filiação, estabelecendo juridicamente o parentesco entre o pai, ou a mãe, e seu filho.	
	Modos	**a) Voluntário** (perfilhação)	I – no registro do nascimento; II – por escritura pública ou escrito particular, a ser arquivado em cartório; III – por testamento, ainda que incidentalmente manifestado; IV – por manifestação direta e expressa perante o juiz, ainda que o reconhecimento não haja sido o objeto único e principal do ato que o contém (CC, art. 1.609).
		b) Judicial (coativo ou forçado): por meio de ação de investigação de paternidade.	
	Efeitos	O reconhecimento produz todos os efeitos a partir do momento de sua realização e é retroativo (*ex tunc*), ou seja, retroage à data do nascimento, sendo de natureza declaratória.	
	Anulação	Será admitida a **ação anulatória de reconhecimento** sempre que se verificar a sua desconformidade com a verdadeira filiação biológica (LRP, art. 113).	
	Investigação de paternidade	Natureza jurídica	Tem **natureza declaratória** e é **imprescritível** (ação de estado). Trata-se de direito **personalíssimo** e **indisponível** (ECA, art. 27). É pressuposto para o ajuizamento da ação de petição de herança, que prescreve em 10 anos (CC, art. 205), por concernir aos efeitos patrimoniais do estado da pessoa.

<table>
<tr><td rowspan="2">4. Reconhecimento dos filhos</td><td>Investigação de paternidade</td><td>Legitimidade para a ação</td><td>– A legitimidade ativa é do filho (CC, art. 1.606). Se menor, será representado pela mãe ou tutor. Hoje, a ação pode ser ajuizada sem qualquer restrição (ECA, art. 27), isto é, por filhos adulterinos e incestuosos, mesmo durante o casamento dos pais.
– A legitimidade passiva recai no suposto pai. Se já for falecido, a ação deverá ser dirigida contra os seus herdeiros. Referida ação pode ser contestada por qualquer pessoa que justo interesse tenha (CC, art. 1.615).</td></tr>
<tr><td>Investigação de maternidade</td><td colspan="2">Referida ação é reconhecida ao filho, que pode endereçá-la contra a mãe ou seus herdeiros. Os arts. 1.606 e 1.616 do CC não impõem nenhuma limitação à investigação da filiação, como o fazia o art. 364 do CC/1916. Assim, pode hoje o filho, mesmo incestuoso, mover ação de investigação de maternidade sem qualquer restrição, seja sua mãe solteira ou casada (ECA, art. 27).</td></tr>
</table>

Capítulo IV

DA ADOÇÃO

34 ANTECEDENTES

Podíamos falar, antes do Código Civil de 2002, em três espécies de adoção: simulada, civil e estatutária. A simulada ou à brasileira é uma criação da jurisprudência. A expressão "adoção simulada" foi empregada pelo Supremo Tribunal Federal ao se referir a casais que registram filho alheio, recém-nascido, como próprio, com a intenção de dar-lhe um lar, de comum acordo com a mãe e não com a intenção de tomar-lhe o filho. Embora tal fato constitua, em tese, uma das modalidades do crime de falsidade ideológica, na esfera criminal tais casais eram absolvidos pela inexistência do dolo específico. Atualmente, dispõe o Código Penal que, nesse caso, o juiz deixará de aplicar a pena. No cível, o Supremo manteve o mesmo entendimento, não determinando o cancelamento do registro de nascimento, afirmando tratar-se de uma adoção simulada (RTJ, 61:745). A adoção civil era a tradicional, regulada no Código Civil de 1916, também chamada de restrita porque não integrava o menor totalmente na família do adotante, permanecendo o adotado ligado aos seus parentes consanguíneos, exceto no tocante ao poder familiar, que passava para o adotante. Com a entrada em vigor do Estatuto da Criança e do Adolescente, ficou limitada aos maiores de dezoito anos. Adoção estatutária era a prevista no mencionado diploma para os menores de dezoito anos. Era chamada, também, de adoção plena, porque promovia a absoluta integração do adotado na família do adotante, desligando-o completamente da sua de sangue, exceto no tocante aos impedimentos para o casamento. Como o referido Estatuto é omisso no tocante à adoção do nascituro, Antonio Chaves a considera suprimida de nosso direito (*Adoção*, Del Rey, 1995, p. 165).

No sistema da Lei n. 12.010, de 3 de agosto de 2009, que dispõe sobre adoção e alterou o Estatuto da Criança e do Adolescente, o instituto da adoção compreende tanto a de crianças e adolescentes como a de maiores, exigindo procedimento judicial em ambos os casos (ECA, art. 47; CC, art. 1.619, com a redação dada pela referida lei). Descabe, portanto, qualquer adjetivação, devendo ambas ser chamadas simplesmente de "adoção". Manteve-se a atribuição exclusiva do Juiz da Infância e da Juventude para conceder a adoção e observar os procedimentos previstos no mencionado Estatuto, no tocante aos menores de dezoito anos.

35 A ATUAL DISCIPLINA DA ADOÇÃO

A adoção de crianças e adolescentes rege-se, na atualidade, pela Lei n. 12.010, de 3 de agosto de 2009. De apenas sete artigos, a referida lei introduziu inúmeras alterações no Estatuto da Criança e do Adolescente e revogou dez artigos do Código Civil concernentes à adoção (arts. 1.620 a 1.629), dando ainda nova redação aos outros dois (arts. 1.618 e 1.619). A referida Lei Nacional da Adoção estabelece prazos para dar mais rapidez aos processos de adoção, cria um cadastro nacional para facilitar o encontro de crianças e adolescentes em condições de serem adotados por pessoas habilitadas e limita em dois anos, prorrogáveis em caso de necessidade, a permanência de criança e jovem em abrigo. Fixa, ainda, o prazo de seis meses para a reavaliação de toda criança ou adolescente que estiver inserido em programa de acolhimento familiar ou institucional.

Segundo ainda dispõe a mencionada lei, o adotado terá o direito de conhecer sua origem biológica e acesso irrestrito ao processo que resultou em sua adoção, caso tenha interesse. Trata também a lei em apreço das crianças indígenas que, por prática cultural de sua tribo, algumas vezes acabam sendo rejeitadas. Nesses casos, a FUNAI promoverá a colocação da criança em outra família. O texto deixa claro, ainda, que a preferência de adoção é por brasileiros. A adoção por estrangeiros está condicionada à inexistência de brasileiros habilitados interessados, exigindo-se um prazo mínimo de convivência de trinta dias, a ser cumprido no Brasil.

Quanto à natureza jurídica, a adoção é negócio bilateral e solene. Todavia, a partir da Constituição de 1988, passou a constituir-se por ato complexo, a exigir sentença judicial, destacando-se o ato de vontade e o nítido caráter institucional (CF, art. 227, § 5º). Os principais requisitos constantes do Estatuto da Criança e do Adolescente, com as alterações feitas pela Lei n. 12.010, de 3 de agosto de 2009, são: a) idade mínima de dezoito anos para o adotante (ECA, art. 42); b) diferença de dezesseis anos entre adotante e adotado (ECA, art. 42, § 3º); c) consentimento dos pais ou dos representantes legais de quem se deseja adotar; d) consentimento deste, colhido em audiência, se contar mais de doze anos (ECA, art. 28, § 2º); e) processo judicial (CC, art. 1.619, nova redação); f) efetivo benefício para o adotando (ECA, art. 43).

O § 2º do art. 42 do Estatuto da Criança e do Adolescente exige, para a adoção conjunta, que os adotantes "sejam casados civilmente ou mantenham união estável, comprovada a estabilidade da família". Tal redação reitera o entendimento do legislador de não admitir a adoção homoparental, ou seja, por pessoas do mesmo sexo figurando como pai e como mãe. Não autoriza, também, que irmãos adotem conjuntamente. Tem a jurisprudência, porém, levando em conta o melhor interesse do menor, proclamado: "Reconhecida como entidade familiar, merecedora da proteção estatal, a união formada por pessoas do mesmo sexo, com características de duração, publicidade, continuidade e intenção de constituir família, decorrência inafastável é a possibilidade de que seus componentes possam adotar" (TJRS, Ap. 70.013.801, j. 5-4-2006).

Acresce o § 4º que "os divorciados, os judicialmente separados e os ex-companheiros podem adotar conjuntamente, contanto que acordem sobre a guarda e o regime de visitas e desde que o estágio de convivência tenha sido iniciado na constância do período de convivência e que seja comprovada a existência de vínculos de afinidade e afetividade com aquele não detentor da guarda que justifiquem a excepcionalidade da concessão". A adoção por tutores e curadores está condicionada à prestação de contas de sua administração e ao pagamento de eventuais débitos (ECA, art. 44). A morte do adotante não restaura o poder familiar do pai natural, devendo o adotado ser colocado sob tutela.

O art. 45, *caput*, do Estatuto da Criança e do Adolescente exige o "consentimento dos pais ou representante legal do adotando" para a adoção. O § 1º, todavia, dispensa tal consentimento se os pais forem desconhecidos ou tiverem sido destituídos do poder familiar. Por seu turno, o § 1º do art. 28 do aludido diploma recomenda: "Sempre que possível, a criança ou o adolescente será previamente ouvido por equipe interprofissional, respeitado seu estágio de desenvolvimento e grau de compreensão sobre as implicações da medida, e terá sua opinião devidamente considerada".

A adoção, seja a de menor ou a de maior de idade, deve sempre obedecer a *processo judicial* (ECA, art. 47; CC, art. 1.619). A Lei n. 12.955, de 5 de fevereiro de 2014, modificou o art. 47 do Estatuto da Criança e do Adolescente, dando prioridade de tramitação aos processos de adoção em que a criança ou o adolescente tenha deficiência ou doença crônica. O art. 1.618 do Código Civil, com a redação dada pela Lei n. 12.010, de 3 de agosto de 2009, dispõe que a "adoção de crianças e adolescentes será deferida na forma prevista pela Lei n. 8.069, de 13 de julho de 1990 – Estatuto da Criança e do Adolescente". O mencionado Estatuto estabelece procedimento comum para todas as formas de colocação familiar (guarda, tutela e adoção). O art. 1.619, por sua vez, com a nova redação, aduz, em atenção ao comando constitucional de que a adoção será sempre assistida pelo Poder Público (CF, art. 227, § 5º), que a "de maiores de 18 (dezoito) anos dependerá da assistência efetiva do poder público e de sentença constitutiva, aplicando-se, no que couber, as regras gerais da Lei n. 8.069, de 13 de julho de 1990 – Estatuto da Criança e do Adolescente". Competirá aos juízes de varas de família a concessão da medida aos adotandos que já atingiram a maioridade, ressalvada a competência exclusiva do juízo da infância e da juventude para concedê-la às crianças e aos adolescentes, bem como aos que completaram dezoito anos de idade e já estavam sob a guarda ou tutela dos adotantes, como prevê o art. 40 do mencionado Estatuto (ECA, art. 148, III). A sentença de adoção não será averbada em registro público, pois a Lei Nacional da Adoção, no art. 8º, revogou o inciso III do art. 10 do Código Civil.

O art. 43 do Estatuto da Criança e do Adolescente só admite a adoção "quando apresentar reais vantagens para o adotando e fundar-se em motivos legítimos". Tal exigência apoia-se no princípio do "melhor interesse da criança", referido na cláusula 3.1. da Convenção Internacional dos Direitos da Criança, ratificada pelo Brasil por intermédio do Decreto n. 99.710/90.

36 EFEITOS DA ADOÇÃO

Os principais efeitos da adoção podem ser de ordem pessoal e de ordem patrimonial. Os de ordem pessoal dizem respeito ao parentesco, ao poder familiar e ao nome; os de ordem patrimonial concernem aos alimentos e ao direito sucessório.

A adoção gera um parentesco entre adotante e adotado, chamado de civil, mas em tudo equiparado ao consanguíneo (CF, art. 227, § 6º). Preceitua, com efeito, o art. 41 do Estatuto da Criança e do Adolescente que adoção "atribui a condição de filho ao adotado, com os mesmos direitos e deveres, inclusive sucessórios, desligando-o de qualquer vínculo com pais e parentes, salvo os impedimentos matrimoniais". Essa a principal característica da adoção, nos termos em que se encontra estruturada no Estatuto da Criança e do Adolescente. Ela promove a integração completa do adotado na família do adotante, na qual será recebido na condição de filho, com os mesmos direitos e deveres dos consanguíneos, inclusive sucessórios, desligando-o, definitiva e irrevogavelmente, da família de sangue, salvo para fins de impedimentos para o casamento. "Se um dos cônjuges ou companheiros adota o filho do outro, mantêm-se os vínculos de filiação entre o adotado e o cônjuge ou companheiro do adotante e os respectivos parentes" (ECA, art. 41, § 1º). Trata-se da espécie conhecida como "adoção unilateral", em que o cônjuge ou companheiro do adotante não perde o poder familiar, exercendo-o em conformidade com o Código Civil e o art. 21 do Estatuto da Criança e do Adolescente. Dispõe ainda o § 2º do aludido art. 41: "É recíproco o direito sucessório entre o adotado, seus descendentes, o adotante, seus ascendentes, descendentes e colaterais até o 4º grau, observada a ordem de vocação hereditária".

Com a adoção, o filho adotivo é equiparado ao consanguíneo sob todos os aspectos, ficando sujeito ao poder familiar transferido do pai natural para o adotante. No tocante ao nome, prescreve o art. 47, § 5º, do Estatuto da Criança e do Adolescente, com a redação que lhe foi dada pela Lei n. 12.010, de 3 de agosto de 2009: "A sentença conferirá ao adotado o nome do adotante e, a pedido de qualquer deles, poderá determinar a modificação do prenome". Acrescenta o § 6º: "Caso a modificação de prenome seja requerida pelo adotante, é obrigatória a oitiva do adotando, observado o disposto nos §§ 1º e 2º do art. 28 desta Lei".

Quanto aos efeitos de ordem patrimonial, são devidos alimentos, reciprocamente, entre adotante e adotado, pois tornam-se parentes. O adotante, enquanto no exercício do poder familiar, é usufrutuário e administrador dos bens do adotado (CC, art. 1.689, I e II). Com relação ao direito sucessório, o filho adotivo concorre, hoje, em igualdade de condições com os filhos de sangue, em face da paridade estabelecida pelo art. 227, § 6º, da Constituição e do disposto no § 2º do art. 41 do Estatuto da Criança e do Adolescente.

A adoção produz seus efeitos "a partir do trânsito em julgado da sentença constitutiva, exceto na hipótese prevista no § 6º do art. 42 desta Lei, caso em que terá força retroativa à data do óbito" (ECA, art. 47, § 7º). Neste caso, a concessão será *post mortem*. A adoção será precedida de estágio de convivência com a criança ou adolescente pelo prazo que a autoridade judiciária fixar – o qual "poderá ser dispensado se o adotando já estiver sob a tutela ou guarda legal do adotante durante tempo suficiente para que seja possível avaliar a conveniência da constituição do vínculo". A simples guarda de fato "não autoriza, por si só, a dispensa da realização do estágio de convivência" (ECA, art. 46, §§ 1º e 2º). Quanto à adoção internacional, o novo § 3º do art. 46 do ECA unificou o prazo mínimo de estágio de convivência para trinta dias, independentemente da idade da criança ou do adolescente, a ser cumprido no território nacional.

Quadro sinótico – Da adoção

1. Conceito	A adoção é negócio bilateral e solene, pelo qual alguém estabelece, irrevogável e independentemente de qualquer relação de parentesco consanguíneo ou afim, um vínculo jurídico de filiação, trazendo para sua família, na condição de filho, pessoa que geralmente lhe é estranha.	
2. Adoção no regime anterior	a) civil: regulada no CC/1916 para os maiores de 18 anos; b) estatutária: disciplinada no ECA para os menores de 18 anos; c) simulada ou à brasileira: criação da jurisprudência.	
3. Atual disciplina da adoção	No sistema da Lei n. 12.010/2009, que alterou o ECA, a adoção compreende tanto a de crianças e adolescentes como a de maiores, exigindo procedimento judicial em ambos os casos (ECA, art. 47; CC, art. 1.619, com a redação dada pela referida lei). Descabe, portanto, qualquer adjetivação. Manteve-se a atribuição exclusiva do Juiz da Infância e da Juventude para conceder a adoção e observar os procedimentos previstos no mencionado Estatuto, no tocante aos menores de dezoito anos.	
4. Natureza jurídica	A adoção é negócio bilateral e solene. Todavia, a partir da CF/88, passou a constituir-se por ato complexo, a exigir sentença judicial, destacando-se o ato de vontade e o nítido caráter institucional (CF, art. 227, § 5º).	
5. Principais requisitos	a) idade mínima de 18 anos para o adotante (ECA, art. 42); b) diferença de 16 anos entre adotante e adotado (ECA, art. 42, § 3º); c) consentimento dos pais ou dos representantes legais de quem se deseja adotar; d) consentimento deste, colhido em audiência, se contar mais de 12 anos (ECA, art. 28, § 2º); e) processo judicial (CC, art. 1.619); f) efetivo benefício para o adotando (ECA, art. 43).	
6. Efeitos	De ordem pessoal	a) Parentesco: embora chamado de civil, é em tudo equiparado ao consanguíneo (CF, art. 227, § 6º; ECA, art. 41, *caput*). b) Poder familiar: transfere-se do pai natural para o adotante. c) Nome: confere ao adotado o sobrenome do adotante, podendo determinar a modificação de seu prenome (ECA, art. 47, § 5º).
	De ordem patrimonial	a) Alimentos: são devidos reciprocamente, entre adotante e adotado, pois tornam-se parentes (CC, art. 1.694). b) Direito sucessório: o filho adotivo concorre em igualdade de condições com os filhos de sangue, em face da paridade estabelecida pelo art. 227, § 6º, da CF e do disposto no § 2º do art. 41 do ECA.

Capítulo V

DO PODER FAMILIAR

37 CONCEITO E CARACTERÍSTICAS

Poder familiar é o conjunto de direitos e deveres atribuídos aos pais, no tocante à pessoa e aos bens dos filhos menores. Não tem mais o caráter absoluto de que se revestia no direito romano. Por isso, já se cogitou chamá-lo de "pátrio dever", por atribuir aos pais mais deveres do que direitos. A denominação "poder familiar" é melhor que "pátrio poder" utilizada pelo Código de 1916, mas não é a mais adequada, porque ainda se reporta ao "poder". Algumas legislações estrangeiras, como a francesa e a norte-americana, optaram por "autoridade parental", tendo em vista que o conceito de autoridade traduz melhor o exercício de função legítima fundada no interesse de outro indivíduo, e não em coação física ou psíquica, inerente ao poder. Constitui um múnus público. Ao Estado, que fixa normas para o seu exercício, interessa o seu bom desempenho. É irrenunciável, indelegável e imprescritível. Os pais não podem renunciar a ele, nem transferi-lo a outrem. A única exceção é a prevista no art. 166 do Estatuto da Criança e do Adolescente, mas feita em juízo, sob a forma de adesão ao pedido de colocação do menor em família substituta (geralmente em pedidos de adoção, que transferem aos adotantes o poder familiar), cuja conveniência será examinada pelo juiz. Os pais dele não decaem pelo fato de não exercitá-lo.

Preceitua o art. 1.630 do Código Civil que os filhos estão sujeitos ao poder familiar, "enquanto menores". O dispositivo abrange os filhos menores não emancipados, havidos ou não no casamento, ou resultantes de outra origem, desde que reconhecidos, bem como os adotivos. Durante o casamento e a união estável, compete a ambos os pais e deve ser exercido em igualdade de condições, podendo qualquer deles, em caso de divergência, recorrer ao juiz para solucioná-la.

Na falta de um deles, o outro o exercerá com exclusividade (CC, art. 1.631; ECA, art. 21). Compete também aos que se identifiquem como pai ou mãe do menor, na família monoparental.

A separação judicial, o divórcio e a dissolução da união estável não alteram o poder familiar, com exceção da guarda, que representa uma pequena parcela desse poder e fica com um deles (CC, art. 1.632), assegurando-se ao outro o direito de visita e de fiscalização da manutenção e educação por parte do primeiro. O exercício por ambos fica prejudicado, havendo na prática uma espécie de repartição entre eles, com um enfraquecimento dos poderes por parte do genitor privado da guarda, porque o outro os exercerá em geral individualmente. O filho havido fora do casamento ficará sob o poder do genitor que o reconheceu. Se ambos o reconheceram, ambos serão os titulares, mas a guarda ficará com quem revelar melhores condições para exercê-la. O filho, "não reconhecido pelo pai, fica sob poder familiar exclusivo da mãe; se a mãe não for conhecida ou capaz de exercê-lo, dar-se-á tutor ao menor" (CC, art. 1.633).

38 CONTEÚDO DO PODER FAMILIAR

38.1. QUANTO À PESSOA DOS FILHOS

O art. 1.634 do Código Civil, com a redação dada pela Lei n. 13.058/2014, enumera os direitos e deveres que incumbem aos pais, referentes à pessoa dos filhos menores: I – dirigir-lhes a criação e educação; II – exercer a guarda unilateral ou compartilhada nos termos do art. 1.584; III – conceder-lhes ou negar-lhes consentimento para casarem; IV – conceder-lhes ou negar-lhes consentimento para viajarem ao exterior; V – conceder-lhes ou negar-lhes consentimento para mudarem sua residência permanente para outro Município; VI – nomear-lhes tutor por testamento ou documento autêntico, se o outro dos pais não lhe sobreviver, ou o sobrevivo não puder exercer o poder familiar; VII – representá-los judicial e extrajudicialmente até os dezesseis anos, nos atos da vida civil, e assisti-los, após essa idade, nos atos em que forem partes, suprindo-lhes o consentimento; VIII – reclamá-los de quem ilegalmente os detenha; IX – exigir que lhes prestem obediência, respeito e os serviços próprios de sua idade e condição. A infração ao dever de criação configura, em tese, o crime de abandono material (CP, art. 244) e constitui causa de perda do poder familiar (CC, art. 1.638, II). A perda deste não desobriga os pais de sustentar os filhos, sendo-lhes devidos alimentos ainda que estejam em poder da mãe, em condições de mantê-los. Não fosse assim, o genitor faltoso seria beneficiado com a exoneração do encargo, que recairia integralmente sobre o outro cônjuge. Ora, a suspensão e a perda do poder familiar constituem punição e não prêmio ao comportamento faltoso. A infração ao dever de proporcionar ao menos educação primária aos filhos caracteriza o crime de abandono intelectual (CP, art. 246). Como consequência do direito e dever de exercerem a guarda unilateral ou compartilhada (CC, art. 1.634, II), podem os pais reclamá-los de quem ilegalmente os detenha (inciso VIII), por meio de ação de busca e apreensão. A entrega de filho a pessoa inidônea pode configurar o crime previsto no art. 245 do Código Penal. Para conseguir que os filhos lhes prestem obediência, respeito e os serviços próprios de sua idade e condição (CC, art. 1.634, IX), os pais podem até castigá-los fisicamente, desde que o façam moderadamente. A aplicação de castigos imoderados caracteriza o crime de maus-tratos, causa de perda do poder familiar (CC, art. 1.638, I).

38.2. QUANTO AOS BENS DOS FILHOS

Uma inovação foi a exclusão de toda a seção relativa ao pátrio poder quanto aos bens dos filhos, constante do Código Civil de 1916, transferindo-a para o Título II, destinado ao direito patrimonial no atual diploma, com a denominação "Do usufruto e da administração dos bens de filhos menores" (Subtítulo II). Trata-se, todavia, de matéria relativa ao poder familiar.

Os atributos na ordem patrimonial dizem respeito à administração e ao direito de usufruto. Os pais, em igualdade de condições, são os administradores legais dos bens dos filhos menores sob sua autoridade. Havendo divergência, poderá qualquer deles recorrer ao juiz para a solução necessária (CC, arts. 1.689, II, e 1.690, parágrafo único). Não podem, porém, praticar atos que ultrapassem os limites da simples administração. Para alienar ou gravar de ônus reais os bens imóveis dos filhos menores, precisam obter autorização judicial, mediante a demonstração da necessidade, ou evidente interesse da prole (art. 1.691). Expedido o alvará, a venda poderá ser feita a quem melhor pagar, não devendo o preço ser inferior ao da avaliação. Não se exige a oferta em hasta pública. Se a venda se efetivar sem a autorização judicial, padecerá de nulidade, porém relativa, porque só poderá ser oposta pelo próprio filho, seus herdeiros ou seu representante legal (CC, art. 1.691, parágrafo único). Sempre que no exercício do poder familiar colidir o interesse dos pais com o do filho, o juiz lhe dará curador especial (art. 1.692). Não se exige, para tanto, prova de que o pai pretende lesar o filho. Basta que se coloquem em situações cujos interesses são aparentemente antagônicos, como acontece na venda de ascendente a descendente, que depende do consentimento dos demais descendentes. Se um destes for menor, ser-lhe-á nomeado curador especial, para representá-lo na anuência.

Aos pais pertence o usufruto, as rendas dos bens dos filhos menores (CC, art. 1.689, I), como uma compensação dos encargos decorrentes de sua criação e educação. Trata-se de usufruto legal, que dispensa prestação de contas e da caução a que se refere o art. 1.400 do Código Civil. O art. 1.693 menciona os bens excluídos do usufruto e da administração dos pais: a) os bens adquiridos pelo filho havido fora do casamento, antes do reconhecimento; b) os valores auferidos pelo filho maior de dezesseis anos, no exercício de atividade profissional e os bens com tais recursos adquiridos; c) os bens deixados ou doados ao filho, sob a condição de não serem usufruídos, ou administrados, pelos pais; d) os bens que ao filho couberem na herança, quando os pais forem excluídos da sucessão.

39 DA EXTINÇÃO E SUSPENSÃO DO PODER FAMILIAR

39.1. EXTINÇÃO

A extinção do poder familiar dá-se por fatos naturais, de pleno direito, ou por decisão judicial. O art. 1.635 do Código Civil menciona as seguintes causas de extinção: morte dos pais ou do filho, emancipação, maioridade, adoção e decisão judicial na forma do art. 1.638.

Com a morte dos pais, desaparecem os titulares do direito. A de um deles faz concentrar no sobrevivente o aludido poder. A morte do filho, a emancipação e a maioridade fazem desaparecer a razão de ser do instituto, que é a proteção do menor. Presume a lei que os maiores de dezoito anos e os emancipados não mais precisam da proteção conferida aos incapazes. A adoção extingue o poder familiar na pessoa do pai natural, transferindo-o ao adotante. A extinção por decisão judicial, que não existia no Código anterior, depende da configuração das hipóteses enumeradas no art. 1.638 como causas de perda: a) castigo imoderado do filho; b) abandono do filho; c) prática de atos contrários à moral e aos bons costumes; d) reiteração de faltas aos deveres inerentes ao poder familiar.

39.2. SUSPENSÃO

A suspensão do poder familiar constitui sanção aplicada aos pais pelo juiz, não tanto com intuito punitivo, mas para proteger o menor. É imposta nas infrações menos graves, mencionadas no art. 1.637 do Código Civil, e que representam, no geral, infração genérica aos deveres paternos. É temporária, perdurando somente até quando se mostre necessária. Desaparecendo a causa, pode o pai, ou a mãe, recuperar o poder familiar. É facultativa e pode referir-se unicamente a determinado filho. A perda (ou destituição), que é causa de extinção do poder familiar por decisão judicial (art. 1.635, V), decorre de faltas graves, que configuram inclusive ilícitos penais e são especificadas no art. 1.638 do Código Civil: aplicação de castigos imoderados aos filhos (crime de maus-tratos), abandono (crimes de abandono material e intelectual), prática de atos contrários à moral e aos bons costumes (crimes de natureza sexual contra os filhos ou conduta inconveniente, como uso de entorpecentes ou entrega da mãe à prostituição) e reiteração de faltas aos deveres inerentes ao poder familiar.

Frise-se que o Estatuto da Criança e do Adolescente (art. 23) dispõe que a falta ou carência de recursos materiais não constitui, por si só, motivo suficiente para a suspensão ou a perda do poder familiar, devendo o menor, se não concorrer outro motivo que autorize a decretação da medida, ser incluído em programas oficiais de auxílio. O Código Civil não traça regras procedimentais para a extinção ou suspensão do poder familiar. Por inexistir incompatibilidade, permanecerão as do Estatuto da Criança e do Adolescente. Neste são legitimados para a ação o Ministério Público ou "quem tenha legítimo interesse". A suspensão do poder familiar poderá ser decretada liminar ou incidentalmente, ficando o menor confiado a pessoa idônea (art. 157). A sentença que decretar a perda ou suspensão será registrada à margem do registro de nascimento do menor (art. 163).

O Código Penal também prevê a perda do poder familiar como efeito da condenação, nos crimes dolosos, sujeitos à pena de reclusão, cometidos contra filho (art. 92, II). O Estatuto da Criança e do Adolescente prevê a perda do poder familiar pela infração ao dever de sustento, guarda e educação dos filhos menores (arts. 22 e 24), hipótese esta já abrangida pelo art. 1.638, II, do Código Civil.

A perda do poder familiar é permanente, mas não se pode dizer que seja definitiva, pois os pais podem recuperá-lo em procedimento judicial, de caráter contencioso, desde que comprovem a cessação das causas que a determinaram. É imperativa, e não facultativa. Abrange toda a prole, por representar um reconhecimento judicial de que o titular do poder familiar não está capacitado para o seu exercício. Entretanto, como se deve dar prevalência aos interesses do menor, já se decidiu, em caso de perda do poder familiar por abuso sexual de pai contra filha, que a destituição não atingiria o filho, que trabalhava com o pai e estava aprendendo o ofício, sem nenhum problema de relacionamento. Entendeu-se que, nesse caso especial, separá-lo do pai trar-lhe-ia prejuízo ao invés de benefício. Antigamente, dentre as diferenças entre suspensão e perda do poder familiar, apontava-se a seguinte: a suspensão podia ser decretada por simples despacho, sem forma nem figura de juízo, mas a perda dependia de procedimento contencioso. Hoje, no entanto, tal diferença não mais existe, pois o art. 24 do Estatuto da Criança e do Adolescente preceitua que a "perda e a suspensão do pátrio poder serão decretadas judicialmente, em procedimento contraditório". O art. 155 do aludido diploma disciplina o procedimento a ser seguido, que pode ter início por provocação do Ministério Público ou de quem tenha legítimo interesse. Havendo motivo grave, poderá o juiz, ouvido o Ministério Público, decretar a suspensão do pátrio poder (expressão mantida pelo ECA), liminarmente, até o julgamento definitivo da causa, ficando a criança ou adolescente confiado a pessoa idônea, mediante termo de responsabilidade.

Quadro sinótico – Do poder familiar

1. Conceito	Poder familiar é o conjunto de direitos e deveres atribuídos aos pais, no tocante à pessoa e aos bens dos filhos menores.
2. Características	– constitui um múnus público; – é irrenunciável; – é indelegável; – é imprescritível; – é incompatível com a tutela; – é uma relação de autoridade.
3. Quanto à pessoa dos filhos	Compete aos pais, quanto à pessoa dos filhos menores (CC, art. 1.634): a) dirigir-lhes a criação e educação; b) exercer a guarda unilateral ou compartilhada nos termos do art. 1.584; c) conceder-lhes ou negar-lhes consentimento para casarem; d) conceder-lhes ou negar-lhes consentimento para viajarem ao exterior; e) conceder-lhes ou negar-lhes consentimento para mudarem sua residência permanente para outro Município; f) nomear-lhes tutor por testamento ou documento autêntico, se o outro dos pais não lhe sobreviver, ou o sobrevivo não puder exercer o poder familiar; g) representá-los judicial e extrajudicialmente até os 16 anos, nos atos da vida civil, e assisti-los, após essa idade, nos atos em que forem partes, suprindo-lhes o consentimento; h) reclamá-los de quem ilegalmente os detenha; i) exigir que lhes prestem obediência, respeito e os serviços próprios de sua idade e condição.
4. Quanto aos bens dos filhos	a) Administração dos bens: os pais são os administradores legais dos bens dos filhos. Não podem, porém, praticar atos que ultrapassem os limites da simples administração, sem autorização judicial (CC, art. 1.691). b) Usufruto: aos pais pertencem o usufruto, as rendas dos bens dos filhos menores (CC, art. 1.689, I), como uma compensação dos encargos decorrentes de sua criação e educação (usufruto legal).
5. Extinção do poder familiar (CC, art. 1.635)	a) pela morte dos pais ou do filho; b) pela emancipação; c) pela maioridade; d) pela adoção; e) por decisão judicial, na forma do art. 1.638 do CC.

6. Suspensão do poder familiar	Finalidade	Constitui sanção aplicada aos pais pelo juiz, não tanto com intuito punitivo, mas para proteger o menor. É imposta nas infrações menos graves.
	Hipóteses legais (CC, art. 1.637)	a) abuso do poder por pai ou mãe; b) falta aos deveres paternos; c) dilapidação dos bens do filho; d) condenação por sentença irrecorrível; e) maus exemplos, crueldade ou outro ato que comprometa a saúde, segurança e moralidade do filho.
	Características	— é **temporária**, perdurando somente até quando se mostre necessária; — é **facultativa**; — pode referir-se unicamente **a determinado filho**.
7. Perda do poder familiar	— é causa de extinção do poder familiar por decisão judicial (CC, art. 1.635, V); — decorre de faltas graves, que configuram ilícitos penais e são especificadas no art. 1.638 do CC; — é permanente, pois os pais só podem recuperá-lo em procedimento judicial, de caráter contencioso, desde que comprovem a cessação das causas que a determinaram; — é imperativa e não facultativa; — abrange **toda a prole**; — o procedimento a ser seguido é disciplinado no art. 155 do ECA.	

Título II
DO DIREITO PATRIMONIAL

Subtítulo I
DO REGIME DE BENS ENTRE OS CÔNJUGES

40 DISPOSIÇÕES GERAIS

40.1. PRINCÍPIOS BÁSICOS

O presente subtítulo disciplina as relações econômicas entre os cônjuges durante o casamento, que se submetem a três princípios básicos: a) irrevogabilidade; b) variedade de regimes; c) livre estipulação.

a) Da imutabilidade absoluta à mutabilidade motivada – *V.* n. 20, *retro*, quarto efeito jurídico do casamento, em que tal princípio foi comentado. Acrescente-se que se justifica a imutabilidade por duas razões: o interesse dos cônjuges e o de terceiros. Evita, com efeito, que um dos cônjuges abuse de sua ascendência para obter alterações em seu benefício. O interesse de terceiros também fica resguardado contra mudanças no regime de bens, que lhes poderiam ser prejudiciais. A imutabilidade do regime de bens não é, porém, absoluta no atual Código Civil, pois o art. 1.639, § 2º, admite a sua alteração, "mediante autorização judicial em pedido motivado de ambos os cônjuges, apurada a procedência das razões invocadas e ressalvados os direitos de terceiros". Observe-se que a referida alteração não pode ser obtida unilateralmente, ou por iniciativa de um dos cônjuges em processo litigioso, pois o novel dispositivo citado exige pedido motivado "de ambos".

b) Variedade de regimes – A lei coloca à disposição dos nubentes não apenas um modelo de regime de bens, mas quatro. Como o regime dotal previsto no diploma de 1916 não vingou, assumiu a sua vaga, no Código Civil de 2002, o regime de participação final nos aquestos (arts. 1.672 a 1.686), sendo mantidos os de comunhão parcial, comunhão universal e separação convencional ou legal.

c) Livre estipulação – Estatui o art. 1.639 do Código Civil que é lícito aos nubentes, antes de celebrado o casamento, "estipular, quanto aos seus bens, o que lhes aprouver". Acrescenta o parágrafo único do art. 1.640 que poderão os nubentes, "no processo de habilitação, optar por qualquer dos regimes". Quanto à forma, "reduzir-se-á a termo a opção pela comunhão parcial, fazendo-se o pacto antenupcial por escritura pública, nas demais escolhas". Podem, assim, adotar um dos regimes-modelos mencionados, como combiná-los entre si, criando um regime misto, bem como eleger um novo e distinto. Esse princípio, entretanto, admite uma exceção: a lei fixa, imperativamente, o regime de bens a pessoas que se encontrem nas situações previstas no art. 1.641. A livre estipulação deferida aos cônjuges também não é absoluta, pois o art. 1.655 do referido diploma declara "nula a convenção ou cláusula dela que contravenha disposição absoluta de lei". Não valem, destarte, as cláusulas que dispensem os cônjuges dos deveres conjugais ou que privem um deles do poder familiar, por exemplo. A escolha é feita no pacto antenupcial. Se este não foi feito, ou for nulo ou ineficaz, vigorará, quanto aos bens entre os cônjuges, o regime da comunhão parcial (art. 1.640).

40.2. ADMINISTRAÇÃO E DISPONIBILIDADE DOS BENS

A sociedade conjugal é composta de uma comunidade de pessoas, incluindo os filhos, que precisa atender à sua necessidade de subsistência com suas rendas e com seus bens. Cabe à entidade conjugal o sustento da família, não mais ao marido, como era antes da isonomia constitucional consagrada na atual Constituição. No capítulo dedicado às disposições gerais, o atual Código apresenta um conjunto de normas que dizem respeito aos interesses patrimoniais dos cônjuges, disciplinando as obrigações que estes podem ou não assumir, bem como a propriedade, administração e disponibilidade da massa de bens conjugais, nas quais ressalta a igualdade de tratamento dispensada ao casal. Em abono dessa assertiva, o art. 1.642 proclama, em primeiro plano, que tanto o marido quanto a mulher podem livremente praticar todos os atos de disposição de sua profissão, com as limitações estabelecidas no inciso I do art. 1.647.

É de se destacar o inciso V do mencionado art. 1.642, que assegura tanto ao marido quanto à mulher o direito de reivindicar os bens comuns, móveis ou imóveis, doados ou transferidos pelo outro cônjuge ao concubino ou à concubina (que não se confunde com companheiro ou companheira, por inexistir união estável, mas relação adulterina), desde que provado que os bens não foram adquiridos pelo esforço comum destes, se o casal estiver separado de fato por mais de cinco anos. A fixação desse prazo representa um retrocesso em relação ao que vem sendo decidido pelos tribunais. Tem a jurisprudência, com efeito, assentado que, em caso de separação de fato do casal, que caracteriza o rompimento fático do vínculo, não se comunicam ao outro cônjuge os bens adquiridos nesse período, ou durante a convivência com terceira pessoa, não constituindo tal fato ofensa ao princípio da imutabilidade do regime de bens (*RJTJSP*, 114:102). Pelo Código Civil de 2002, o cônjuge separado de fato será beneficiado com meação em patrimônio que não ajudou a construir, adquirido nos cinco anos que se seguiram à mencionada separação. Esse risco, no entanto, só existirá se os conviventes não lograrem provar, de forma convincente, que os bens reivindicados decorreram do esforço comum do novo casal.

As ações para desobrigar ou reivindicar os imóveis que tenham sido onerados sem o consentimento do outro cônjuge ou sem suprimento judicial, para demandar a rescisão dos contratos de fiança e doação ou a invalidação do aval convencionados sem autorização marital ou outorga uxória e para reivindicar os bens comuns doados ou transferidos ao concubino (art. 1.642, III a V) competem ao cônjuge prejudicado e a seus herdeiros (art. 1.645). Os referidos atos são, pois, anuláveis. Nos casos de ausência de consentimento do outro cônjuge e de suprimento judicial, prevê o art. 1.646 o direito de regresso do terceiro prejudicado contra o cônjuge que realizou negócio jurídico desfeito, ou seus herdeiros.

Cabe ao juiz suprir tanto a outorga da mulher como a autorização marital, quando as deneguem sem motivo justo, ou lhes seja impossível concedê-la (CC, art. 1.648). Fica, portanto, ao prudente arbítrio do juiz examinar as situações que caracterizam ou não o justo motivo para a denegação. Os casos de impossibilidade para dar o consentimento geralmente decorrem de incapacidade ou desaparecimento do outro cônjuge. A falta de autorização, não suprida pelo juiz, quando necessária (art. 1.647), "tornará anulável o ato praticado, podendo o outro cônjuge pleitear-lhe a anulação, até dois anos depois de terminada a sociedade conjugal" (art. 1.649).

O ato praticado com autorização do outro cônjuge é válido e obriga todos os bens do casal, se o regime for o da comunhão universal de bens. Sem a autorização ou suprimento do juiz, no entanto, o ato reveste-se de nulidade relativa, podendo ser anulado somente pelo outro cônjuge, ou por seus herdeiros, se já falecido este (CC, art. 1.650), e não de ofício. O ato é apenas anulável, e não nulo, pois pode ser aprovado, tornando-se válido, por instrumento público, ou particular, autenticado (art. 1.649, parágrafo único).

O art. 1.647 do Código Civil especifica os atos que nenhum dos cônjuges pode praticar sem autorização do outro, exceto no regime da separação absoluta:

a) Alienar ou gravar de ônus real os bens imóveis – Trata-se, na verdade, de mera falta de legitimação e não de incapacidade, pois, obtida a anuência do outro, o cônjuge fica legitimado, e os atos por ele praticados revestem-se de legalidade. A restrição impõe-se, qualquer que seja o regime de bens, exceto no da separação absoluta. Justifica-se a exigência pelo fato de os imóveis serem considerados bens de raiz, que dão segurança à família e garantem o futuro dos filhos. Justo que o outro cônjuge seja ouvido a respeito da conveniência ou não da alienação. O verbo "alienar" tem sentido amplo, abrangendo toda forma de transferência de bens de um patrimônio para outro, como a venda, a doação, a permuta, a dação em pagamento etc. A vênia conjugal é necessária também no compromisso de compra e venda irretratável e irrevogável, pois é hábil para transferir o domínio por meio da adjudicação compulsória (CC, art. 1.418). Inclui-se na exigência de anuência do outro cônjuge a constituição de hipoteca ou de outros ônus reais sobre imóveis.

b) Pleitear, como autor ou réu, acerca desses bens ou direitos – É uma consequência da exigência expressa no inciso anterior. A sentença final poderá acarretar a perda da propriedade imóvel, correspondendo a uma forma de alienação. Natural que o outro cônjuge participe da ação e venha a juízo para fazer valer e defender os seus direitos. Daí a razão de o art. 73 do Código de Processo Civil de 2015 exigir a participação do outro cônjuge nas ações que "versem sobre direitos reais imobiliários" (não nas ações pessoais relativas a imóveis, como a ação de despejo).

c) Prestar fiança ou aval – Procura-se evitar, com essa limitação, o comprometimento dos bens do casal, em razão de graciosa garantia concedida a débito de terceiro. Se a fiança e o aval não forem anulados pelo cônjuge prejudicado (o que os prestou não tem legitimidade para pedir a anulação), poderá este opor embargos de terceiros para excluir a sua meação de eventual penhora que venha a recair sobre os bens do casal, pois somente as dívidas contraídas para os fins do art. 1.643 do Código Civil (para comprar coisas necessárias à economia doméstica e para obter, por empréstimo, as quantias que a aquisição dessas coisas possa exigir) obrigam solidariamente ambos os cônjuges. Constitui inovação a inclusão do aval, ao lado da fiança, no aludido dispositivo.

d) Fazer doação, não sendo remuneratória, de bens comuns, ou dos que possam integrar futura meação – Tal proibição aplica-se aos bens móveis, porque dos imóveis já trata o inciso I. É permitida somente a doação remuneratória, qualquer que seja o seu valor, porque representa o pagamento de serviço prestado pelo donatário (médico, dentista, advogado etc.), e cuja cobrança não mais podia ser feita (em razão da prescrição da ação, p. ex.). A obrigação de pagar, embora nesse caso seja apenas moral, existe e o pagamento pode ser feito sem a anuência do outro cônjuge. O parágrafo único complementa o inciso IV citado, declarando válidas as "doações nupciais" feitas aos filhos quando casarem ou estabelecerem economia separada.

41 DO PACTO ANTENUPCIAL

A escolha do regime de bens é feita no pacto antenupcial. Se este não foi feito, ou for nulo ou ineficaz, vigorará, quanto aos bens entre os cônjuges, o regime da comunhão parcial (CC, art. 1.640, *caput*), por isso chamado também de regime legal ou supletivo (porque a lei supre o silêncio das partes).

Pacto antenupcial é um contrato solene e condicional, por meio do qual os nubentes dispõem sobre o regime de bens que vigorará entre ambos, após o casamento. Solene, porque será nulo se não for feito por escritura pública. E condicional, porque só terá eficácia se o casamento se realizar (CC, art. 1.653). A capacidade é a mesma exigida para o casamento. Os menores necessitam do consentimento dos pais para casar e da assistência deles para a celebração da convenção antenupcial. O consentimento para o casamento não dispensa a intervenção do representante legal para a celebração do pacto antenupcial. A sua eficácia, quando realizado por menor, fica condicionada à aprovação de seu representante legal, salvo as hipóteses de regime obrigatório de separação de bens (art. 1.654). Para valer contra terceiros, o pacto antenupcial deve ser registrado em livro especial, no registro de imóveis do domicílio dos cônjuges (art. 1.657). Sem o registro, o regime escolhido só vale entre os nubentes (regime interno). Perante terceiros, é como se não existisse o pacto, vigorando então o regime da comunhão parcial (regime externo). Pode ser convencionada, no pacto que adotar o regime de participação final dos aquestos, a livre disposição dos bens imóveis, desde que particulares (art. 1.656).

42 DO REGIME DA SEPARAÇÃO LEGAL (OBRIGATÓRIO)

As hipóteses em que é obrigatório o regime da separação de bens no casamento estão especificadas no art. 1.641 do Código Civil. Por se tratar de regime imposto por lei, não há necessidade de pacto antenupcial. Em alguns casos, tal imposição é feita por ter havido contravenção a dispositivo legal que regula as causas suspensivas da celebração do casamento. Em outros, mostra-se evidente o intuito de proteger certas pessoas que, pela posição em que se encontram, poderiam ser vítimas de aventureiros interessados em seu patrimônio, como as menores de dezesseis, as maiores de setenta anos e todas as que dependerem, para casar, de suprimento judicial. As hipóteses são as a seguir elencadas:

a) Inobservância das causas suspensivas da celebração do casamento – O art. 1.523 do Código Civil elenca quatro causas suspensivas, já comentadas nos n. 7 a 9 *retro*, aos quais nos reportamos. A sua inobservância torna o casamento irregular, sendo imposto o regime da separação como sanção aos cônjuges.

b) Pessoa maior de setenta anos – A restrição é eminentemente de caráter protetivo. Objetiva obstar à realização de casamento exclusivamente por interesse econômico. O Código Civil de 1916 impunha o regime da separação somente ao homem com mais de sessenta anos. Para a mulher, o limite de idade era cinquenta anos. O atual diploma estabelece a idade de setenta anos para todas as pessoas, sem distinção de sexo, observando a isonomia constitucional. Decidiu o Superior Tribunal de Justiça que, à semelhança do que ocorre com o casamento, na união estável é obrigatório o regime de separação de bens, no caso de companheiro com idade igual ou superior a 60 anos, atualmente 70 anos (REsp 1.090.772, disponível em *http://editoramagister.com*, acesso em 16-4-2010). Frisou a aludida Corte ainda que, todavia, casamento de idosos que já viviam em união estável dispensa separação de bens. Assim decidiu a Quarta Turma em processo que envolvia um casal que viveu em união estável por 15 anos, até 1999, quando foi feito o casamento com regime de comunhão total de bens (disponível em *Revista Consultor Jurídico* de 16-12-2016). Tem ainda a jurisprudência assentado que, em se tratando "de aquisição após a separação de fato, à conta de um só dos cônjuges, que tinha vida em comum com outra mulher, o bem adquirido não se comunica ao outro cônjuge, ainda quando se trate de casamento sob o regime da comunhão universal" (STJ, REsp 67.678-RS, Rel. Min. Nilson Naves, *DJU*, 14-8-2000).

c) Os que dependerem de autorização judicial para casar – O dispositivo tem evidente intuito protetivo e aplica-se aos menores que obtiveram o suprimento judicial de idade ou o suprimento judicial do consentimento dos pais. A jurisprudência, ao tempo do

Código Civil de 1916, tendo constatado que o regime da separação legal, ao contrário do que imaginou o legislador, não protegia devidamente as pessoas que deviam ser protegidas, passou a proclamar que, nesse regime, comunicavam-se os bens adquiridos a título oneroso na constância do casamento (aquestos). O Supremo Tribunal Federal editou, então, a Súmula 377: "No regime de separação legal de bens comunicam-se os adquiridos na constância do casamento". No princípio essa súmula foi aplicada com amplitude. Posteriormente, no entanto, a sua aplicação ficou restrita aos bens adquiridos pelo esforço comum dos cônjuges, reconhecendo-se a existência de uma verdadeira sociedade de fato. Assim passou a decidir o Superior Tribunal de Justiça (RSTJ, 39:413; RT, 691:194; RF, 320:84). A referida Corte também reconheceu ao cônjuge o direito à meação dos bens adquiridos na constância do casamento pelo esforço comum, no regime da separação convencional.

43 DO REGIME DA COMUNHÃO PARCIAL OU LIMITADA

É o que prevalece, se os consortes não fizerem pacto antenupcial, ou o fizerem mas for nulo ou ineficaz (art. 1.640, *caput*). Por essa razão, é chamado também de regime legal ou supletivo. Caracteriza-se por estabelecer a separação quanto ao passado (bens que cada cônjuge possuía antes do casamento) e comunhão quanto ao futuro (adquiridos na constância do casamento), gerando três massas de bens: os do marido, os da mulher e os comuns.

Os bens incomunicáveis, próprios ou particulares de cada cônjuge, não são, porém, somente os que cada um possuía por ocasião do casamento, mas também os havidos posteriormente, a título gratuito (por doação ou sucessão), e os sub-rogados em seu lugar, ou seja, os adquiridos com o produto da alienação dos recebidos a título gratuito (CC, art. 1.659, I); os adquiridos com o produto da venda (sub-rogação) de bens particulares de cada cônjuge (inciso II); as obrigações anteriores ao casamento (inciso III); as obrigações provenientes de atos ilícitos, salvo reversão em proveito do casal (inciso IV); os bens de uso pessoal, os livros e instrumentos de profissão (inciso V); os proventos do trabalho pessoal de cada cônjuge (inciso VI); e as pensões, meios-soldos, montepios e outras rendas semelhantes (inciso VII). O inciso IV do art. 269 do Código Civil de 1916, que excluía da comunhão todos os bens considerados excluídos da comunhão universal, não foi reproduzido, dando lugar aos incisos V, VI e VII do art. 1.659 do diploma vigente.

Não se comunicam, igualmente, os bens cuja aquisição tiver por título "uma causa anterior ao casamento" (art. 1.661). Assim, não integra a comunhão o bem reivindicado pelo marido quando solteiro, sendo a ação julgada procedente quando já casado, nem o dinheiro recebido após o casamento pela venda anterior de um bem.

O inciso V do mencionado art. 1.659 refere-se a bens que têm um caráter pessoal e, por isso, são incomunicáveis. Os livros e os instrumentos da profissão, entretanto, só não entram para a comunhão se indispensáveis ao exercício da atividade própria do cônjuge e não integrarem um fundo de comércio, ou o patrimônio de uma sociedade da qual participe o consorte. No tocante ao inciso VI, que exclui da comunhão "os proventos do trabalho pessoal de cada cônjuge", deve-se entender que não se comunica somente o direito aos aludidos proventos. Recebida a remuneração, o dinheiro ingressa no patrimônio comum. Em caso de separação judicial, o direito de cada qual continuar a receber o seu salário não é partilhado. Se se interpretar que o dinheiro recebido não se comunica, mas somente o que for com ele adquirido, poderá esse entendimento acarretar um desequilíbrio no âmbito financeiro das relações conjugais, premiando injustamente o cônjuge que preferiu conservar em espécie os proventos do seu trabalho, em detrimento do que optou por converter as suas economias em patrimônio comum.

Pensões são quantias pagas mensalmente a alguém para a sua subsistência. Meio-soldo é a metade do soldo que o Estado paga aos militares reformados. Montepio é a pensão devida pelo instituto previdenciário aos herdeiros do devedor falecido (art. 1.659, VII). O que não se comunica é somente o direito ao percebimento desses benefícios. As quantias mensalmente recebidas na constância do casamento, a esse título, porém, entram para o patrimônio do casal e comunicam-se logo que percebidas. Se o casal se separar judicialmente, o cônjuge com direito ao benefício continuará levantando-o mensalmente, sem perder a metade para o outro, porque o direito, sendo incomunicável, não é partilhado.

Os bens comuns são os havidos na constância do casamento por título oneroso, por fato eventual (loteria, aluvião, avulsão), por doação, herança ou legado em favor de ambos os cônjuges, as benfeitorias em bens particulares de cada um deles (porque presumem-se feitas com o esforço comum) e os frutos dos bens comuns ou particulares de cada cônjuge, percebidos na constância do casamento, ou pendentes ao tempo de cessar a comunhão (CC, art. 1.660). O marido não é mais o administrador exclusivo dos bens comuns e dos particulares, como prescrevia o Código de 1916. A administração compete hoje a qualquer dos consortes. Em caso de malversação dos bens, o juiz poderá atribuir a administração a apenas um deles (CC, art. 1.663, § 3º). A administração e disposição dos bens particulares competem ao cônjuge proprietário, salvo convenção diversa em pacto antenupcial (art. 1.665). Os bens móveis presumem-se adquiridos na constância do casamento, quando não se provar que o foram em data anterior (art. 1.662).

44 DO REGIME DA COMUNHÃO UNIVERSAL

É o regime em que se comunicam todos os bens, atuais e futuros, dos cônjuges, ainda que adquiridos em nome de um só deles, bem como as dívidas posteriores ao casamento, salvo os expressamente excluídos pela lei ou pela vontade dos nubentes, expressa em convenção antenupcial (CC, art. 1.667). Por tratar-se de regime convencional, deve ser estipulado em pacto antenupcial. Nesse regime, predominam os bens comuns (de propriedade e posse de ambos os cônjuges), podendo no entanto existir bens próprios do marido e bens próprios da mulher.

44.1. DOS BENS EXCLUÍDOS

Os bens incomunicáveis estão relacionados no art. 1.668 do Código Civil, assim elencados:

a) Os bens doados ou herdados com a cláusula de incomunicabilidade e os sub-rogados em seu lugar – Não só são excluídos os bens doados em vida, os deixados em testamento, com cláusula de incomunicabilidade, como também os sub-rogados em seu lugar, ou seja, os que substituem os bens incomunicáveis. Assim, se o dono de um terreno recebido em doação com cláusula de incomunicabilidade resolver vendê-lo para, com o produto da venda, adquirir um veículo, este se sub-rogará no lugar do terreno e será também incomunicável. A incomunicabilidade não acarreta a inalienabilidade do bem, mas esta produz, de pleno direito, a impenhorabilidade e a incomunicabilidade (CC, art. 1.911). Isto porque, quem se casa – e do casamento resulta a comunicação da metade do bem – de certa forma está alienando. E a penhora é realizada para a venda do bem em hasta pública. Dispõe a Súmula 49 do Supremo Tribunal Federal: "A cláusula de inalienabilidade inclui a incomunicabilidade dos bens". Embora omissa a lei, não se comunicam também os bens doados com a cláusula de reversão (CC, art. 547), ou seja, com a condição de, morto o donatário antes do doador, o bem doado voltar ao patrimônio deste, não se comunicando ao cônjuge do falecido.

b) Os bens gravados de fideicomisso e o direito do herdeiro fideicomissário, antes de realizada a condição suspensiva – Fideicomisso é espécie de substituição testamentária. Os bens permanecem durante certo tempo, ou sob certa condição, fixados pelo testador, em poder do fiduciário, passando depois ao substituto (fideicomissário). Para que possa cumprir a obrigação imposta pelo testador, os bens não se comunicam ao cônjuge do fiduciário. O fideicomissário, por sua vez, tem um direito eventual. A aquisição do domínio depende da morte do fiduciário, do decurso do tempo fixado pelo testador ou do implemento da condição resolutiva por ele imposta. Se falecer antes do fiduciário, caduca o fideicomisso, consolidando-se a propriedade em mãos do fiduciário.

c) As dívidas anteriores ao casamento, salvo se provierem de despesas com seus aprestos, ou reverterem em proveito comum – Somente o devedor responde pelas dívidas anteriores ao casamento, com seus bens particulares ou com os bens que trouxe para a comunhão. A lei, entretanto, abre duas exceções: 1) comunicam-se as dívidas contraídas com os aprestos (preparativos do casamento), como enxoval, aquisição de móveis etc.; 2) e também as que reverterem em proveito comum, como as decorrentes da aquisição de imóvel que servirá de residência do casal.

d) As doações antenupciais feitas por um dos cônjuges ao outro com a cláusula de incomunicabilidade.

e) Os bens referidos nos incisos V a VII do art. 1.659, já comentados no n. 43, *retro*.

Não foram incluídos os bens reservados da mulher, adquiridos com os seus próprios recursos financeiros e que eram considerados de sua exclusiva propriedade, privilégio este constante do art. 263, XII, do Código Civil de 1916 e que já havia sido tacitamente revogado pelo art. 226, § 5º, da Constituição de 1988.

44.2. OUTRAS DISPOSIÇÕES

Os frutos dos bens incomunicáveis, quando se percebam ou vençam durante o casamento, comunicam-se (art. 1.669). Assim, embora certos bens sejam incomunicáveis (art. 1.668), os seus rendimentos se comunicam. A administração dos bens comuns compete ao casal (sistema da cogestão), e a dos particulares, ao cônjuge proprietário, salvo convenção diversa em pacto antenupcial (arts. 1.670, 1.663 e 1.665).

45 DO REGIME DA PARTICIPAÇÃO FINAL NOS AQUESTOS

Trata-se de um regime misto, pois durante o casamento aplicam-se as regras da separação total e, após a sua dissolução, as da comunhão parcial. Nasce de convenção, dependendo, pois, de pacto antenupcial. Cada cônjuge possui patrimônio próprio e lhe cabe, "à época da dissolução da sociedade conjugal, direito à metade dos bens adquiridos pelo casal, a título oneroso, na constância do casamento" (CC, art. 1.672). É, na realidade, um regime de separação de bens, enquanto durar a sociedade conjugal, tendo cada cônjuge a exclusiva administração de seu patrimônio pessoal, integrado pelos que possuía ao casar e pelos que adquirir a qualquer título na constância do casamento, podendo livremente dispor dos móveis e dependendo da autorização do outro para os imóveis (art. 1.673, parágrafo único). Somente após a dissolução da sociedade conjugal serão apurados os bens de cada cônjuge, cabendo a cada um deles (ou a seus herdeiros, em caso de morte, como dispõe o art. 1.685) a metade dos adquiridos pelo casal, a título oneroso, na constância do casamento. Em caso de separação judicial ou divórcio, "verificar-se-á o montante dos aquestos à data em que cessou a convivência" (art. 1.683).

Na apuração dos aquestos, "sobrevindo a dissolução da sociedade conjugal", excluem-se da soma dos patrimônios próprios os bens anteriores ao casamento e os que em seu lugar se sub-rogaram, os que sobrevierem a cada cônjuge por sucessão ou liberalidade e as dívidas relativas a esses bens (art. 1.674). Os bens móveis, salvo prova em contrário, presumem-se adquiridos durante o casamento (art. 1.674, parágrafo único). O cônjuge prejudicado, ou seus herdeiros, poderá reivindicar, finda a sociedade conjugal, os aquestos doados ou por outra forma alienados sem sua autorização, ou optar pela compensação por outro bem ou pelo pagamento de seu valor em dinheiro (arts. 1.675 e 1.676). Pode ser compensada a dívida de um consorte, solvida pelo outro com bens de seu próprio patrimônio, devendo ser atualizado o valor do pagamento e imputado, na data da cessação da convivência, à meação daquele (arts. 1.678 e 1.683).

O direito à meação "não é renunciável, cessível ou penhorável na vigência do regime matrimonial" (art. 1.682). Trata-se de um princípio de ordem pública que não pode ser contrariado pela vontade das partes e que tem a finalidade de sustentar economicamente o casamento e a família e de não inviabilizar o seu regular desenvolvimento.

46 DO REGIME DA SEPARAÇÃO CONVENCIONAL (ABSOLUTA)

Neste regime, cada cônjuge conserva a plena propriedade, a integral administração e a fruição de seus próprios bens, podendo aliená-los e gravá-los de ônus real livremente (CC, art. 1.687), sejam móveis ou imóveis (art. 1.647). O Código Civil de 1916 (art. 235) dispensava a vênia conjugal somente para a alienação de bens móveis. Envolve todos os bens presentes e futuros, frutos e rendimentos, e confere autonomia a cada um na gestão do próprio patrimônio.

Para que esses efeitos se produzam e a separação seja pura ou absoluta, é mister expressa estipulação em pacto antenupcial. Podem os nubentes convencionar a separação limitada, envolvendo somente os bens presentes e comunicando-se os futuros, os frutos e os rendimentos. Não haverá, nesse caso, diferença com o regime da comunhão parcial. Em princípio, ambos os cônjuges são obrigados a contribuir para as despesas do casal na proporção dos rendimentos de seu trabalho e de seus bens. Podem, no entanto, estabelecer, no pacto antenupcial, a quota de participação de cada um ou sua dispensa do encargo (art. 1.688), bem como fixar normas sobre a administração dos bens. A obrigação de contribuir para as despesas do casal estende-se hoje a todos os regimes, em razão da isonomia constitucional. Tem a jurisprudência admitido a comunicação dos bens adquiridos na constância do casamento pelo esforço comum do casal, comprovada a existência da sociedade de fato.

Quadro sinótico – Do regime de bens entre cônjuges

1. Princípios básicos	a) Irrevogabilidade: passou-se, com o CC/2002, da imutabilidade absoluta, do sistema anterior, para a mutabilidade motivada (CC, art. 1.639, § 2º). b) Variedade de regimes: comunhão parcial, comunhão universal, separação convencional e legal e de participação final nos aquestos. c) Livre estipulação: é lícito aos nubentes, antes de celebrado o casamento, "estipular, quanto aos seus bens, o que lhes aprouver" (CC, art. 1.639).
2. Administração e disponibilidade dos bens	Tanto o marido quanto a mulher podem livremente praticar todos os atos de disposição de sua profissão, com as limitações estabelecidas no inciso I do art. 1.647 (CC, art. 1.642). Nenhum deles, porém, pode praticar, sem autorização do outro, exceto no regime da separação absoluta, os seguintes atos (CC, art. 1.647): a) alienar ou gravar de ônus real os bens imóveis; b) pleitear, como autor ou réu, acerca desses bens ou direitos; c) prestar fiança ou aval; d) fazer doação, não sendo remuneratória, de bens comuns, ou dos que possam integrar futura meação.
3. Regime da separação legal ou obrigatório (CC, art. 1.641)	a) das pessoas que o contraírem com inobservância das causas suspensivas (CC, art. 1.523) da celebração do casamento; b) da pessoa maior de setenta anos; c) de todos os que dependerem, para casar, de suprimento judicial.

4. Regime da comunhão parcial	Conceito	É o que prevalece, se os consortes não fizerem pacto antenupcial, ou o fizerem mas for nulo ou ineficaz (CC, art. 1.640, *caput*). Por essa razão, é chamado também de **regime legal** ou **supletivo**.
	Característica	Caracteriza-se por estabelecer a separação quanto ao passado (bens que cada cônjuge possuía antes do casamento) e comunhão quanto ao futuro (adquiridos na constância do casamento), gerando três massas de bens: os do marido, os da mulher e os comuns.
	Bens incomunicáveis	São os que constituem o patrimônio pessoal da mulher ou do marido e encontram-se elencados nos arts. 1.659 e 1.661 do CC.
	Bens comunicáveis	São os que entram na comunhão, integrando o patrimônio comum do casal (CC, art. 1.660, I a V).
	Responsabilidade pelos débitos	É estabelecida nos arts. 1.659, III, 1.663, § 1º, 1.664 e 1.666 do CC.
	Dissolução do regime (CC, art. 1.571)	a) pela morte de um dos cônjuges; b) pela separação judicial; c) pelo divórcio; d) pela nulidade ou anulação do casamento.
5. Regime da comunhão universal	Conceito	É o regime em que se comunicam todos os bens, atuais e futuros, dos cônjuges, ainda que adquiridos em nome de um só deles, bem como as dívidas posteriores ao casamento, salvo os expressamente excluídos pela lei ou pela vontade dos nubentes, expressa em convenção antenupcial (CC, art. 1.667).
	Bens excluídos da comunhão	São os elencados no art. 1.668, I a V, do CC.
	Dissolução do regime (art. 1.571)	a) pela morte de um dos cônjuges; b) pela separação judicial; c) pelo divórcio; d) pela nulidade ou anulação do casamento.
6. Regime de participação final dos aquestos	Conceito	É um regime misto: durante o casamento aplicam-se as regras da separação total e, após a sua dissolução, as da comunhão parcial (CC, art. 1.672). Nasce da convenção, dependendo, pois, de pacto antenupcial.

6. Regime de participação final dos aquestos	Administração	Enquanto durar a sociedade conjugal, cada cônjuge tem a exclusiva administração de seu patrimônio pessoal.
	Responsabilidade pelas dívidas	Cada cônjuge responde por suas dívidas, salvo prova de terem revertido, parcial ou totalmente, em benefício do outro. Se um deles solveu uma dívida do consorte com bens do seu patrimônio, o valor do pagamento deve ser atualizado e imputado, na data da dissolução, à meação do outro (CC, arts. 1.677, 1.678 e 1.686).
	Apuração aos aquestos	Será feita quando ocorrer a dissolução da sociedade conjugal, observando-se as regras dos arts. 1.674 a 1.676 e 1.683 a 1.685 do CC.
7. Regime da separação convencional	Conceito	Neste regime, cada cônjuge conserva a plena propriedade, a integral administração e a fruição de seus próprios bens, podendo aliená-los e gravá-los de ônus real livremente (CC, art. 1.687), sejam móveis ou imóveis (CC, art. 1.647).
	Espécies	a) **Absoluta:** se os cônjuges estabelecerem, no pacto antenupcial, a incomunicabilidade de todos os bens adquiridos antes e depois do casamento, inclusive frutos e rendimentos. b) **Relativa** ou **limitada**: se estabelecerem a incomunicabilidade somente dos bens presentes, comunicando-se os futuros, os frutos e os rendimentos.
	Mantença da família	Em princípio, ambos os cônjuges são obrigados a contribuir para as despesas do casal na proporção dos rendimentos de seu trabalho e de seus bens, salvo estipulação em contrário no pacto antenupcial (CC, art. 1.688).

Subtítulo II
DO USUFRUTO E DA ADMINISTRAÇÃO DOS BENS DE FILHOS MENORES

A matéria constante neste subtítulo já foi examinada no n. 38.2, que trata do poder familiar quanto aos bens dos filhos, ao qual nos reportamos.

Subtítulo III
DOS ALIMENTOS

47 CONCEITO. ESPÉCIES

Alimentos são prestações para satisfação das necessidades vitais de quem não pode provê-las por si. Têm por finalidade fornecer a um parente, cônjuge ou companheiro o necessário à sua subsistência. Quanto ao conteúdo, abrangem o indispensável ao sustento, vestuário, habitação, assistência médica e instrução (CC, art. 1.920).

Os alimentos são de várias espécies. Quanto à natureza, podem ser naturais, civis e compensatórios. Os naturais (ou necessários) restringem-se ao indispensável à satisfação das necessidades primárias da vida; os civis (ou côngruos: expressão usada pelo autor venezuelano Lopes Herrera e mencionada no Código Chileno, art. 323) destinam-se a manter a condição social, o *status* da família. Quanto à causa jurídica, dividem-se em legais (ou legítimos), devidos em virtude de uma obrigação legal, que pode decorrer do parentesco, do casamento ou do companheirismo (CC, art. 1.694); voluntários, que emanam de uma declaração de vontade *inter vivos* (obrigação assumida contratualmente por quem não tinha a obrigação legal de pagar alimentos – pertencem ao direito das obrigações e são chamados também de obrigacionais) ou *causa mortis* (manifestada em testamento, em geral sob a forma de legado de alimentos, e prevista no art. 1.920 – pertencem ao direito das sucessões e são também chamados de testamentários); e indenizatórios (ou ressarcitórios), resultantes da prática de um ato ilícito (constituem forma de indenização do dano *ex delicto* e também pertencem ao direito das obrigações, arts. 948, II, e 950). Somente os alimentos legais ou legítimos pertencem ao direito de família. Assim, a prisão civil pelo não pagamento de dívida de alimentos, permitida na Constituição (art. 5º, LXVII), somente pode ser decretada no caso dos alimentos previstos nos arts. 1.566, III, e 1.694 e s. do Código Civil, que constituem relação de direito de família, sendo inadmissível em caso de não pagamento dos alimentos indenizatórios (responsabilidade *ex delicto*) e dos voluntários (obrigacionais ou testamentários).

Quanto à finalidade, classificam-se os alimentos em definitivos (ou regulares), provisórios, provisionais e transitórios. Definitivos são os de caráter permanente, estabelecidos pelo juiz na sentença ou em acordo das partes devidamente homologado, malgrado possam ser revistos (CC, art. 1.699). Provisórios são os fixados liminarmente no despacho inicial proferido na ação de alimentos, de rito especial estabelecido pela Lei de Alimentos (Lei n. 5.478/68). Provisionais (ou *ad litem*) são os determinados em tutela provisória, preparatória ou incidental, de ação de separação judicial, de divórcio, de nulidade ou anulação de casamento ou de alimentos. Destinam-se a manter o suplicante (geralmente a mulher) e a prole, durante a tramitação da lide principal, e ao pagamento das despesas judiciais, inclusive honorários advocatícios. Daí a razão do nome *ad litem*. Os provisórios exigem prova pré-constituída do parentesco, casamento ou companheirismo. Apresentada essa prova, o juiz "fixará" os alimentos provisórios, se requeridos. Os termos imperativos empregados pelo art. 4º da Lei de Alimentos demonstram que a fixação não depende da discrição do juiz, sendo obrigatória, se requerida e se provados os aludidos vínculos. Já a determinação dos provisionais depende da comprovação dos requisitos inerentes à tutela de urgência: o *fumus boni juris* e o *periculum in mora*. Estão sujeitos, pois, à discrição do juiz. Podem ser fixados, por exemplo, em ação de alimentos cumulada com investigação de paternidade, liminar e excepcionalmente, se houver indícios veementes desta. Não assim os provisórios, por falta de prova pré-constituída da filiação. Transitórios, admitidos pela jurisprudência do Superior Tribunal de Justiça, de cunho resolúvel, são obrigações prestadas, notadamente entre ex-cônjuges ou ex-companheiros, em que o credor, em regra pessoa com idade apta para o trabalho, necessita dos alimentos apenas até que se projete determinada condição ou ao final de certo tempo, circunstância em que a obrigação extinguir-se-á automaticamente. Em outras palavras, a obrigação de prestar alimentos transitórios – a tempo certo – é cabível, em regra, quando o alimentando é pessoa com idade, condições e formação profissional compatíveis com uma provável inserção no mercado de trabalho, necessitando dos alimentos apenas até que se atinja sua autonomia financeira, momento em que se emancipará da tutela do alimentante – outrora provedor do lar –, que se extinguirá automaticamente (STJ, REsp 1.388.955-RS e REsp 1.025.769-MG).

A isonomia imposta pela Constituição Federal torna os alimentos provisionais, apesar de fixados na sentença, devidos a contar da citação (STJ, 3ª T., REsp 161.347-DF, Rel. Min. Costa Leite, j. 3-11-1998), pois atribui-se aos filhos nascidos fora da relação de casamento os mesmos direitos concedidos aos nascidos das justas núpcias. Incide, de tal modo, também em relação àqueles a regra do art. 13, § 2º, da Lei Federal n. 5.478, de 1968, que diz que os alimentos retroagem à data da citação. Nesse sentido, dispõe a Súmula 277 do STJ: "Julgada procedente a investigação de paternidade, os alimentos são devidos a partir da citação". Não se exclui, porém, como afirmado, a possibilidade de fixação de alimentos provisionais, liminar e excepcionalmente, como tutela provisória, com fundamento nos arts. 294 e s. do Código de Processo Civil de 2015, se houver indícios veementes da paternidade.

Os provisionais conservam a sua eficácia até o julgamento da ação principal, mas podem, a qualquer tempo, ser revogados ou modificados (CPC, art. 296). Dispõe o art. 7º da Lei n. 8.560/92, que regula a investigação de paternidade dos filhos havidos fora do casamento: "Sempre que na sentença de primeiro grau se reconhecer a paternidade, nela se fixarão os alimentos provisionais ou definitivos do reconhecido que deles necessite". A expressão "alimentos provisionais", na prática, é empregada, entretanto, indistintamente, para indicar também os fixados liminarmente na ação de alimentos de rito especial.

A doutrina e a jurisprudência têm-se reportado a uma outra espécie de alimentos, os "compensatórios", que visam evitar o descomunal desequilíbrio econômico-financeiro do consorte dependente, impossível de ser afastado com modestas pensões mensais e que ocorre geralmente nos casos em que um dos parceiros não agrega nenhum bem em sua meação, seja porque não houve nenhuma aquisição patrimonial na constância da união ou porque o regime de bens livremente convencionado afasta a comunhão de bens. De cunho mais indenizatório do que alimentar, pois não se restringem em cobrir apenas a dependência alimentar, mas também o desequilíbrio econômico e financeiro oriundo da ruptura do liame conjugal, não devem ter duração ilimitada no tempo. Uma vez desfeitas as desvantagens sociais e reparado o desequilíbrio financeiro provocado pela ruptura da união conjugal, devem cessar.

A retromencionada Lei n. 11.340, de 7 de agosto de 2006, prevê que o juiz do Juizado de Violência Doméstica e Familiar contra a Mulher poderá, quando necessário, sem prejuízo de outras medidas protetivas de urgência, aplicar ao agressor a "prestação de alimentos provisionais ou provisórios" (art. 22, V).

Quanto ao momento em que são reclamados, os alimentos classificam-se em pretéritos, atuais e futuros. São pretéritos quando o pedido retroage a período anterior ao ajuizamento da ação; atuais, os postulados a partir do ajuizamento; e futuros, os alimentos devidos somente a partir da sentença. O direito brasileiro só admite os alimentos atuais e os futuros. Os pretéritos, referentes a período anterior à propositura da ação, não são devidos. Se o alimentando, bem ou mal, conseguiu sobreviver sem o auxílio do alimentante, não pode pretender o pagamento de alimentos relativos ao passado (*in praeteritum non vivitur*).

48 OBRIGAÇÃO ALIMENTAR E DIREITO A ALIMENTOS. CARACTERÍSTICAS

Entre pais e filhos menores, cônjuges e companheiros, não existe propriamente obrigação alimentar, mas dever familiar, respectivamente de sustento e de mútua assistência (CC, arts. 1.566, III e IV, e 1.724). A obrigação alimentar também decorre da lei, mas é fundada no parentesco (art. 1.694), ficando circunscrita aos ascendentes, descendentes e colaterais até o segundo grau, com reciprocidade. É transmissível e divisível. A transmissibilidade constitui inovação do Código de 2002, pois o de 1916 dispunha, diversamente, que "a obrigação de prestar alimentos não se transmite aos herdeiros do devedor" (art. 402), extinguindo-se, pois, pela morte do alimentante. Mas, se houvesse atrasados, respondiam por eles os sucessores, porque não constituíam mais pensão, entrando na classe das dívidas que oneravam a herança. O art. 23 da Lei do Divórcio trouxe uma inovação, prescrevendo que "a obrigação de prestar alimentos transmite-se aos herdeiros do devedor, na forma do art. 1.796 do Código Civil" (de 1916). O referido dispositivo, todavia, tinha sua aplicação restrita aos alimentos fixados ou avençados na separação judicial, porque estava inserido no capítulo que tratava da dissolução da sociedade conjugal, sendo limitados às forças da herança. Nesse caso, transmitiam-se aos herdeiros do cônjuge devedor. O vigente Código Civil dispõe, no art. 1.700: "A obrigação de prestar alimentos transmite-se aos herdeiros do devedor, na forma do art. 1.694". A regra abrange os alimentos devidos em razão do parentesco e também os decorrentes do casamento e da união estável. Transmite-se a própria obrigação alimentar, de acordo com as forças da herança (art. 1.792), e não apenas as prestações vencidas e não pagas.

A obrigação alimentar é também divisível, e não solidária, porque a solidariedade não se presume; resulta da lei ou da vontade das partes (CC, art. 264). Não havendo texto legal impondo a solidariedade, é ela divisível, isto é, conjunta. Cada devedor responde por sua quota-parte. Havendo quatro filhos em condições de pensionar o ascendente, não poderá este exigir de um só deles o cumprimento da obrigação por inteiro. Se o fizer, sujeitar-se-á às consequências de sua omissão, por inexistir na hipótese litisconsórcio passivo necessário, mas sim facultativo impróprio, isto é, obterá apenas 1/4 do valor da pensão (STJ, 4ª T., REsp 50.153-9-RJ, Rel. Min. Barros Monteiro, *DJU*, 14 nov. 1994, p. 30961, Seção I). Cumpre ao ascendente, nesse caso, chamar a juízo, simultaneamente, todos os filhos, não lhe sendo lícito escolher apenas um deles. Se o fizer, sujeitar-se-á, como visto acima, às consequências de sua omissão. Propondo a ação contra todos, o juiz rateará entre eles a pensão arbitrada, de acordo com as possibilidades econômicas de cada um, exonerando do encargo o que se achar incapacitado financeiramente. A exclusão, portanto, só se legitima no nível do exame de mérito, se provada a sua incapacidade econômica. Como inovação, o Código Civil de 2002 preceitua que, "sendo várias as pessoas obrigadas a prestar alimentos, todas devem concorrer na proporção dos respectivos recursos, e, intentada ação contra uma delas, poderão as demais ser chamadas a integrar a lide" (art. 1.698, 2ª parte). Trata-se de nova modalidade de intervenção de terceiros, não correspondente a nenhuma das formas previstas no diploma processual.

Eis as principais características do direito a alimentos: a) é personalíssimo. Esta é a característica fundamental, da qual decorrem as demais. Como os alimentos se destinam à subsistência do alimentando, constituem um direito pessoal, intransferível; b) é incessível. Como consequência do seu caráter personalíssimo, não pode ser objeto de cessão de crédito, pois a isto opõe-se a sua natureza (CC, arts. 286 e 1.707). No entanto, somente não pode ser cedido o direito a alimentos futuros. O crédito constituído por pensões alimentares vencidas é considerado um crédito comum, já integrado ao patrimônio do alimentante, que logrou sobreviver mesmo sem tê-lo recebido. Pode, assim, ser cedido; c) é impenhorável (CC, art. 1.707). Inconcebível a penhora de um direito destinado à mantença de uma pessoa. Logo, por sua natureza, é impenhorável. O Código de Processo Civil de 2015 prevê a impenhorabilidade no art. 833, IV; d) é incompensável. A compensação é meio de extinção de obrigações. O direito a alimentos não pode ser objeto de compensação (CC, arts. 373, II, e 1.707) porque seria extinto, total ou parcialmente, com prejuízo irreparável para o alimentando, já que os alimentos constituem o mínimo necessário à sua subsistência. Assim, por exemplo, o marido não pode deixar de pagar a pensão a pretexto de compensá-la com recebimentos indevidos, pela esposa, de aluguéis só a ele pertencentes. A jurisprudência, no entanto, vem permitindo a compensação, nas prestações vincendas, de valores pagos a mais, entendendo tratar-se de adiantamentos do pagamento das futuras prestações (*RT*, 616:147); e) é imprescritível. O que não prescreve é o direito de postular em juízo o pagamento de pensões alimentícias, ainda que o alimentando venha passando necessidade há muitos anos. No entanto, prescreve em dois anos o direito de cobrar as pensões já fixadas em sentença ou estabelecidas em acordo e não pagas, a partir da data em que se vencerem (CC, art. 206, § 2º). A prescrição da pretensão a essas parcelas ocorre mensalmente. Em se tratando, porém, de execução de alimentos proposta por alimentando absolutamente incapaz, não há que falar em prescrição das prestações mensais (STJ, REsp 569.291-SP, Rel. Min. Castro Filho, *DJU*, 20 out. 2003); f) é intransacionável. Sendo indisponível e personalíssimo, não pode ser objeto de transação (CC, art. 841). Em consequência, não pode ser objeto de juízo arbitral ou de compromisso. A regra aplica-se somente ao direito de pedir alimentos, pois a jurisprudência considera transacionável o *quantum* das prestações, tanto vencidas como vincendas. É até comum o término da ação em acordo visando prestações alimentícias futuras ou atrasadas; g) é atual, no sentido de exigível no presente e não no passado (*in praeterium non vivitur*). A necessidade que justifica a prestação alimentícia é, ordinariamente, inadiável, conferindo a lei, por esse motivo, meios coativos ao credor para a sua cobrança; h) é irrepetível ou irrestituível. Os alimentos, uma vez pagos, são irrestituíveis, sejam provisórios, definitivos ou *ad litem*. É que o dever alimentar constitui matéria de ordem pública, e só nos casos legais pode ser afastado, devendo subsistir até decisão final em contrário. Mesmo que a ação venha a ser julgada improcedente, não cabe a restituição dos alimentos provisórios ou provisionais. Quem pagou, pagou uma dívida, não se tratando de simples antecipação ou de empréstimo. É esse um dos favores reconhecidos à natureza da causa de prestar, pois os alimentos destinam-se a ser consumidos pela pessoa que deles necessita. Já se deferiu, no entanto, pedido de repetição, em caso de cessação automática da obrigação devido ao segundo casamento da credora, não tendo cessado o desconto em folha de pagamento por demora na comunicação ao empregador, sem culpa do devedor. Também já se admitiu a compensação nas prestações vincendas; i) é irrenunciável.

Quanto a esta última característica, preceitua o art. 1.707 do Código Civil: "Pode o credor não exercer, porém lhe é vedado renunciar o direito a alimentos, sendo o respectivo crédito insuscetível de cessão, compensação ou penhora". O direito a alimentos constitui uma modalidade do direito à vida. Por isso, o Estado protege-o com normas de ordem pública, decorrendo daí a sua irrenunciabilidade, que atinge, porém, somente o direito, não o seu exercício. Não se pode assim renunciar aos alimentos futuros. A não postulação em juízo é interpretada apenas como falta de exercício, não significando renúncia. Os alimentos devidos e não prestados podem, no entanto, ser renunciados, pois é permitido o não exercício do direito a alimentos. A renúncia posterior é, portanto, válida. Proclama a Súmula 379 do Supremo Tribunal Federal: "No acordo de desquite não se admite renúncia aos alimentos, que poderão ser pleiteados ulteriormente, verificados os pressupostos legais". Frise-se, desde logo, que tal súmula não se aplica aos casais divorciados, mas somente aos separados judicialmente. Por ela, a renúncia na separação consensual deve ser interpretada como simples dispensa provisória e momentânea da pensão alimentar, podendo o cônjuge, ou companheiro, vir a pleiteá-la ulteriormente, provando a necessidade atual e a possibilidade econômica do alimentante. A resistência à referida súmula levou o Supremo a restringir sua aplicação, mantendo a sua vigência mas com explicitação: se por ocasião da separação a mulher, por exemplo, foi aquinhoada com bens e rendas suficientes para a sua manutenção, não sabendo conservá-los, não poderá posteriormente vir reclamar alimentos do ex-marido. Tal pretensão também somente se mostrará viável se atendidos os pressupostos legais, dentre eles o de ser inocente e desprovida de recursos (CC, art. 1.702). A ação terá de ser movida pelo rito ordinário, que proporciona oportunidade de ampla produção de provas (e não pelo rito especial da Lei n. 5.478/68), para possibilitar ao ex-marido o direito de demonstrar que a autora não tem pautado a sua vida conforme os bons costumes, ou vive em união estável, bem como que teria dado motivos para uma separação litigiosa, somente celebrada de forma consensual por ter concordado em renunciar aos alimentos. Já têm ocorrido alguns pronunciamentos nos tribunais, entretanto, entendendo revogada a referida Súmula 379, ao fundamento de que o enunciado protecionista que nela se contém não mais se compatibiliza com o princípio igualitário entre os cônjuges, proclamado pelo art. 226, § 5º, da Constituição. O atual Código, contudo, contrariando essa tendência, faz incidir a proibição de renunciar ao direito a alimentos não só aos parentes, mas também aos cônjuges e companheiros, por ocasião da dissolução da sociedade conjugal ou da união estável.

49 PRESSUPOSTOS. PESSOAS OBRIGADAS

São pressupostos da obrigação alimentar: a) existência de um vínculo de parentesco; b) necessidade do reclamante; c) possibilidade da pessoa obrigada; d) proporcionalidade. Preceitua o art. 1.695 do Código Civil: "São devidos os alimentos quando quem os pretende não tem bens suficientes, nem pode prover, pelo seu trabalho, à própria mantença, e aquele, de quem se reclamam, pode fornecê-los, sem desfalque do necessário ao seu sustento". Só pode reclamar alimentos, assim, o parente que não tem recursos próprios e está impossibilitado de obtê-los, por doença, idade avançada ou outro motivo relevante. Não importa a causa pela qual o reclamante foi reduzido à condição de necessitado, tendo direito a pensão ainda que culpado por essa situação. Neste caso, entretanto, os alimentos serão apenas os indispensáveis à sua subsistência, como proclama o § 2º do art. 1.694 do Código Civil de 2002, que nesse ponto inova, trazendo para o texto legal a distinção feita pela doutrina entre alimentos naturais (ou necessários, indispensáveis à subsistência e destinados à alimentação, vestuário, saúde, habitação etc.) e alimentos civis (ou côngruos, destinados a manter a condição social, o *status* da família). O art. 1.694 usa expressão ampla, referindo-se a alimentos como sendo tudo aquilo que a pessoa necessita "para viver de modo compatível com a sua condição social, inclusive para atender às necessidades de sua educação", e não apenas para garantir a sua subsistência.

O fornecimento de alimentos depende, também, das possibilidades do alimentante. Não se pode condenar ao pagamento de pensão alimentícia quem possui somente o estritamente necessário à própria subsistência. O § 1º do art. 1.694 do Código Civil dispõe que os "alimentos devem ser fixados na proporção das necessidades do reclamante e dos recursos da pessoa obrigada". É o requisito da proporcionalidade, impedindo que se leve em conta somente um desses fatores. O *quantum* fixado não é imutável, pois, se houver modificação na situação econômica das partes, poderá qualquer delas ajuizar ação revisional de alimentos, com fundamento no art. 1.699 do Código Civil, para pleitear a exoneração, redução ou majoração do encargo.

Os alimentos decorrem também de dever familiar, como ocorre na relação entre os pais e os filhos menores, entre cônjuges e companheiros ou conviventes. O dever de sustentar os filhos menores é expresso no art. 1.566, IV, do Código Civil e é enfatizado nos arts. 1.634, I, e 229, este da Constituição. Decorre do poder familiar e deve ser cumprido incondicionalmente, não concorrendo os pressupostos da obrigação alimentar. Subsiste independentemente do estado de necessidade do filho, ou seja, mesmo que este disponha de bens, recebidos por herança ou doação. Cessa quando o filho se emancipa ou atinge a maioridade, aos dezoito anos de idade. Nestas hipóteses, deixa de existir o dever alimentar decorrente do poder familiar, mas pode surgir a obrigação alimentar, de natureza genérica, decorrente do parentesco (CC, art. 1.694). Assim, os filhos maiores que, por incapacidade ou enfermidade, não estiverem em condições de prover à sua subsistência, poderão pleitear também alimentos, mas com este outro fundamento, sujeitando-se à comprovação dos requisitos da necessidade e da possibilidade. Tal obrigação pode durar até a morte. Reiterada jurisprudência tem, contudo, afirmado a não cessação da obrigação alimentar paterna diante da simples maioridade do filho, determinando a manutenção do encargo até o limite de vinte e quatro anos deste (limite este extraído da legislação sobre o imposto de renda), enquanto estiver cursando escola superior, salvo se dispuser de meios próprios para sua manutenção. Fora desses casos, a maioridade faz cessar automaticamente o dever de pagar alimentos, dispensando o ajuizamento de ação exoneratória, podendo simplesmente ser deferido pedido de expedição de ofício à empregadora do devedor, inexistindo, ademais, o direito de acrescer (TJSP, AgI 260.325-1-SP, Rel. Des. Renan Lotufo, j. 10-9-1995). Cessa também de imediato a obrigação alimentar em relação ao filho emancipado em razão do casamento (TJSP, AgI 248.527-1/8-SP, Rel. Des. Sousa Lima, j. 19-4-1995).

O Superior Tribunal de Justiça consolidou a sua jurisprudência com a edição da Súmula 358, do seguinte teor: "O cancelamento de pensão alimentícia de filho que atingiu a maioridade está sujeito à decisão judicial, mediante contraditório, ainda que nos próprios autos".

O dever de sustento pesa somente sobre os pais (CC, art. 1.566, IV), não se estendendo aos outros ascendentes. E não é recíproco, ao contrário da obrigação alimentar do art. 1.694, que o é entre todos os ascendentes e descendentes. Há, nos termos do art. 1.701 do Código Civil, duas modalidades de prestação alimentar: fornecendo, em casa, hospedagem ou sustento ao alimentando (própria), sem prejuízo do dever de prestar o necessário à sua educação, quando menor, ou pagando-lhe uma pensão periódica (imprópria). O direito de escolha cabe ao devedor, mas não é absoluto. Compete ao juiz, se as circunstâncias o exigirem, fixar a forma do cumprimento da prestação (art. 1.701, parágrafo único). Se o credor não concordar com a escolha ou a determinação judicial, exonerar-se-á o devedor.

Como a personalidade civil da pessoa começa do nascimento com vida (CC, art. 2º), o nascituro não pode ser titular atual da pretensão alimentícia. A jurisprudência tem perfilhado esse entendimento, embora admitindo a aplicação do *jus superveniens*, representado pelo nascimento do alimentando após o ajuizamento da ação. Na doutrina, a questão mostra-se controvertida. Yussef Said Cahali (*Dos alimentos*, 2. ed., Revista dos Tribunais, p. 414), concordando com a referida orientação jurisprudencial, sustenta que somente se reconhece ao nascituro "direito a alimentos, no sentido das coisas necessárias à sua manutenção e sobrevivência, de modo indireto, compondo os valores respectivos a pensão deferida à esposa". Sob esse prisma, o nascituro produto de relações extramatrimoniais não poderia ser beneficiado quando a mãe não tivesse direito a alimentos (hoje, tal direito é reconhecido aos companheiros). O citado civilista menciona, no entanto, vários autores que admitem a propositura de ação de alimentos pelo nascituro, como Pontes de Miranda, Oliveira e Cruz, Moura Bittencourt e Silmara Chinellato e Almeida. Sustenta a última, em trabalho específico (*RDCiv*, 54:57), que "ao nascituro são devidos alimentos em sentido lato – alimentos civis – para que possa nutrir-se e desenvolver-se com normalidade, objetivando o nascimento com vida". Esta última parece ser a melhor posição, considerando que os alimentos garantem a subsistência do alimentando e, portanto, têm afinidade com o direito à vida, que é direito da personalidade a todos assegurado pela Constituição Federal (art. 5º).

Uma parcela da jurisprudência já vinha admitindo ações de alimentos propostas diretamente pelo nascituro (RT, 703:69, 650:220). Todavia, impunha-lhe, como requisito, a demonstração prévia do vínculo de paternidade (Lei n. 5.470/68, art. 2º), dificultando o acolhimento da pretensão. A Lei n. 11.804, de 5 de novembro de 2008, veio regular os alimentos gravídicos, conferindo legitimidade ativa à própria gestante para pleiteá-los. A legitimidade passiva é exclusiva do suposto pai, não se estendendo aos avós paternos ou outros parentes do nascituro. Convencido da existência de indícios da paternidade, o juiz fixará os alimentos gravídicos, que perdurarão até o nascimento da criança, sopesando as necessidades da parte autora e as possibilidades da parte ré (art. 6º). Após o nascimento com vida, ficam eles convertidos em pensão alimentícia em favor do menor até que uma das partes solicite a sua revisão (parágrafo único). Extinguem-se, porém, se nascer morto. Na V Jornada de Direito Civil do Conselho Federal foi aprovado o Enunciado n. 522, com a seguinte redação: "Cabe prisão civil do devedor nos alimentos gravídicos estabelecidos com base na Lei n. 11.804/2008, inclusive deferidos em qualquer caso de tutela de urgência".

Quanto às pessoas obrigadas a prestar alimentos em razão do parentesco, prescreve o Código Civil, no art. 1.696, que o "direito à prestação de alimentos é recíproco entre pais e filhos, e extensivo a todos os ascendentes, recaindo a obrigação nos mais próximos em grau, uns em falta de outros". E, no art. 1.697: "Na falta dos ascendentes cabe a obrigação aos descendentes, guardada a ordem de sucessão e, faltando estes, aos irmãos, assim germanos como unilaterais". O rol é taxativo (*numerus clausus*) e não inclui os parentes por afinidade (sogros, cunhados, padrastos, enteados). Já se decidiu que, em razão do caráter pessoal da obrigação, se as irmãs "são casadas, têm filhos e são inteiramente dependentes, econômica e financeiramente, dos maridos, sem qualquer renda ou atividade independente, não poderiam, assim, ser responsabilizadas pela pensão aos irmãos menores, sob pena de, por via indireta, condenarem-se os cunhados, que não estão evidentemente na linha de responsabilidade fixada pela lei civil" (RT, 665:74). Por outro lado, se o alimentando é casado, é ao seu cônjuge que ele deve dirigir-se, antes de visar algum dos parentes.

Somente quatro classes de parentes são, pois, obrigadas à prestação de alimentos, em ordem preferencial, formando uma verdadeira hierarquia no parentesco: a) pais e filhos, reciprocamente; b) na falta destes, os ascendentes, na ordem de sua proximidade; c) os descendentes, na ordem da sucessão; d) os irmãos, unilaterais ou bilaterais, sem distinção ou preferência. Segundo preleciona Maria Helena Diniz, "quem necessitar de alimentos deverá pedi-los, primeiramente, ao pai ou à mãe (*RT*, 490:108); na falta destes, aos avós paternos ou maternos; na ausência destes, aos bisavós paternos ou maternos e assim sucessivamente" (*Código Civil anotado*, Saraiva, 1995, p. 323). Todos os filhos, inclusive os havidos fora do matrimônio e os adotivos, têm direito ao benefício (CC, art. 1.705), "sendo facultado ao juiz determinar, a pedido de qualquer das partes, que a ação se processe em segredo de justiça". O filho somente pode pedir alimentos ao avô se faltar o pai ou se, existindo, não tiver condições econômicas de efetuar o pagamento. A ação deve ser dirigida primeiramente contra o pai, para, na impossibilidade dele, serem chamados os avós. Não se exclui a possibilidade de a ação ser proposta contra o pai e o avô, se evidenciado que aquele não tem condições de arcar sozinho com a obrigação alimentar. Os avós são, assim, chamados a complementar a pensão, que o pai, sozinho, não pode oferecer aos filhos (CC, art. 1.698). A obrigação dos avós de prestar alimentos é subsidiária, não solidária e complementar à dos pais (STJ, REsp 70.740-PB e Resp 576.152-ES). Se faltam ascendentes, a obrigação alcança os descendentes, segundo a ordem de sucessão (CC, art. 1.697). São convocados os filhos, em seguida os netos, depois os bisnetos etc. O pai somente pode pedir alimentos ao neto se faltar o filho ou, se existindo, não estiver em condições de responder pelo encargo, havendo também neste caso a possibilidade de o neto ser chamado a complementar a pensão, que o filho não pode pagar por inteiro. Embora menor de dezoito anos e sob o poder familiar, está obrigado a prestar alimentos ao filho o pai que o reconheceu por ocasião do registro de nascimento. Inexistindo descendentes o encargo recai sobre os irmãos, germanos ou unilaterais, sem distinção de qualquer espécie.

Levando-se em conta o disposto no art. 1.708 do Código Civil, não há falar em direito à percepção de alimentos se o postulante, pai dos demandados, incorreu em abandono material e moral dos *ex adversos*, justo quando estes, órfãos de mãe, ainda eram menores de idade. Ademais, dispõe o apelante de meios de subsistência, afastando a indispensável necessidade" (TJSC, AC 2014.031831-9, j. 28-8-2014).

50 ALIMENTOS DECORRENTES DA DISSOLUÇÃO DA SOCIEDADE CONJUGAL E DA UNIÃO ESTÁVEL

A dicção do art. 1.694 do Código Civil permite concluir que devem ser aplicados aos alimentos devidos em consequência da dissolução da união estável os mesmos princípios e regras aplicáveis à separação judicial. Significativa inovação introduziu o Código Civil de 2002 nesse assunto ao prever a fixação de alimentos na dissolução litigiosa da sociedade conjugal mesmo em favor do cônjuge declarado culpado, se deles vier a necessitar e não tiver parentes em condições de prestá-los, nem aptidão para o trabalho, limitando-se, todavia, a pensão ao indispensável à sobrevivência deste (art. 1.704, parágrafo único). O cônjuge inocente e desprovido de recursos terá direito a pensão, a ser paga pelo outro, fixada com obediência dos critérios estabelecidos no art. 1.694 e destinada, portanto, a proporcionar-lhe um modo de vida compatível com a sua condição social, inclusive para atender às necessidades de sua educação, e não apenas para suprir o indispensável à sua subsistência (art. 1.702).

NOTA DO AUTOR: *No nosso entender, o citado art. 1.704 do Código Civil também foi revogado pela referida "PEC do Divórcio", juntamente com o art. 1.702, por disporem sobre os alimentos devidos por um cônjuge ao outro em razão de culpa. Aplicavam-se eles somente aos casos de separação judicial, eliminada do nosso ordenamento, como supramencionado. A matéria, entretanto, é controvertida, havendo respeitáveis opiniões em sentido contrário, sustentando a manutenção dos aludidos dispositivos legais.*

Cessa o dever de prestar alimentos com "o casamento, a união estável ou o concubinato do credor" (CC, art. 1.708). Por outro lado, perde o direito a alimentos o credor que "tiver procedimento indigno em relação ao devedor" (art. 1.708, parágrafo único). Anote-se que não apenas o concubinato, definido no art. 1.727 do atual diploma como "relações não eventuais entre o homem e a mulher, impedidos de casar", mas igualmente o procedimento indigno passam a constituir fundamento para a exoneração do cônjuge devedor. O novo casamento deste, no entanto, "não extingue a obrigação constante da sentença de divórcio" (art. 1.709).

51 MEIOS DE ASSEGURAR O PAGAMENTO DA PENSÃO

Para garantir o direito à pensão alimentícia e o adimplemento da obrigação, dispõe o credor dos seguintes meios: a) ação de alimentos, para reclamá-los (Lei n. 5.478/68); b) execução por quantia certa (CPC, arts. 528, § 8º, e 913); c) penhora em vencimento de magistrados, professores e funcionários públicos, soldo de militares e salários em geral, inclusive subsídios de parlamentares (CPC, art. 833, IV); d) desconto em folha de pagamento da pessoa obrigada (CPC, arts. 529 e 912); e) entrega ao cônjuge, mensalmente, para assegurar o pagamento de alimentos provisórios (Lei n. 5.478/68, art. 4º, parágrafo único), de parte da renda líquida dos bens comuns, administrados pelo devedor, se o regime de casamento for o da comunhão universal de bens; f) constituição de garantia real ou fidejussória e de usufruto (Lei n. 6.515/77, art. 21); g) prisão do devedor (Lei n. 5.478/68, art. 21; CPC, arts. 528, § 3º, e 911).

51.1. AÇÃO DE ALIMENTOS

Só pode valer-se do rito especial (concentrado e mais célere) da Lei de Alimentos (Lei n. 5.478/68) quem puder apresentar prova pré-constituída do parentesco (certidão de nascimento) ou do dever alimentar (certidão de casamento ou comprovante do companheirismo). Quem não puder fazê-lo, terá de ajuizar ação ordinária. Ao despachar a inicial da ação de rito especial (art. 4º), o juiz fixará desde logo alimentos provisórios (em geral, na base de 1/3 dos rendimentos do devedor, sendo de salientar-se que a lei não estabelece nenhum critério). Malgrado a ambiguidade do texto, o juiz não deve fixar de ofício os alimentos provisórios, mas somente se o interessado o requerer (CPC, art. 2º). Cabe pedido de revisão de alimentos provisórios fixados na inicial, que será sempre processado em apartado. Processar-se-á em apartado também a execução dos alimentos provisórios. Os provisionais serão fixados pelo juiz nos termos da lei processual (CC, art. 1.706).

Na sentença, o juiz fixa alimentos segundo seu convencimento, não estando adstrito, necessariamente, ao *quantum* pleiteado na inicial. Não constitui, assim, julgamento *ultra petita* a fixação da pensão acima do postulado na inicial, pois o critério é a necessidade do alimentando e a possibilidade do alimentante. As regras que proíbem julgamento dessa natureza "merecem exegese menos rigorosa, nos casos de demandas de caráter nitidamente alimentar" (STJ, 4ª T., REsp 8.698-SP, Rel. Min. Athos Carneiro, *DJU*, 2 set. 1991, p. 11815, 2ª col.). A pensão deve ser estipulada em percentual sobre os rendimentos auferidos pelo devedor, considerando-se somente as verbas de caráter permanente, como o salário recebido no desempenho de suas atividades empregatícias, o 13º salário e outras, excluindo-se as recebidas eventualmente, como as indenizações por conversão de licença-prêmio ou férias em pecúnia, o levantamento do FGTS (que se destina a fins específicos), as eventuais horas extras, o reembolso de despesas de viagens etc.

Em regra, a pensão é estipulada com base nos rendimentos do alimentante, sendo atualizada automaticamente, na mesma proporção dos reajustes salariais. Quando adotado valor fixo, a pensão será atualizada segundo índice oficial regularmente estabelecido (CC, art. 1.710), mas poderá ser determinada a atualização com base no salário mínimo, não obstante a vedação enunciada no art. 7º, IV, *in fine*, da Constituição Federal, em função da identidade de fins da pensão alimentar e do salário mínimo, como sendo aquilo que representa o mínimo necessário para a subsistência da pessoa (*JSTF*, 159:227).

A ação revisional dos alimentos definitivos segue o mesmo rito da Lei n. 5.478/68 (art. 13, *caput*). Inexiste prevenção para a ação revisional ou exoneratória, sujeitando-se à regra especial de competência ou foro do domicílio ou residência do alimentando (CPC, art. 53, II), se houve mudança de domicílio. Não tendo havido, sendo o pedido formulado no mesmo foro, a competência será do juízo por onde tramitou o processo de separação ou de alimentos em que a pensão havia sido fixada (*RJTJSP*, 112:93). Admite-se a fixação de alimentos provisórios em ação revisional de alimentos, porém sempre em razão de circunstâncias excepcionais, quando, por exemplo, os alimentos anteriormente fixados se mostram excessivamente irrisórios (*RTJ*, 100:101; *RT*, 597:179). Os alimentos provisórios são devidos desde a sua fixação, no despacho inicial, até a sentença final (quando serão substituídos pelos definitivos, que retroagem à data da citação, conforme o art. 13, § 2º, da Lei de Alimentos). Somente no caso de a ação ser, a final, julgada improcedente (e revogados os alimentos provisórios) é que serão devidos até o julgamento do recurso especial ou extraordinário, a teor do estatuído no art. 13, § 2º, da aludida lei. A parte responsável pelo sustento da família que deixar a residência comum, por motivo que não necessitará declarar, poderá tomar a iniciativa de comunicar ao juízo os rendimentos de que dispõe e de pedir a citação do credor para comparecer à audiência de conciliação e julgamento destinada à fixação dos alimentos a que está obrigada (art. 24).

51.2. MEIOS DE EXECUÇÃO DA PRESTAÇÃO NÃO SATISFEITA

Para assegurar o cumprimento da obrigação pelo devedor, pode o credor optar desde logo pela execução por quantia certa, embora isto raramente ocorra, por ser de demorada solução. Em regra, só se promove a execução por quantia certa quando o devedor não efetua o pagamento das prestações nem mesmo depois de cumprir a pena de prisão. É que o cumprimento da pena não o exime do pagamento das prestações vencidas (CPC, art. 911; Lei n. 5.478/68, art. 19). Se o credor, entretanto, optar pela execução por quantia certa, iniciada esta e efetuada a penhora de bens, inadmissível a postulação, simultaneamente, da prisão do devedor inadimplente. Se, entretanto, não optar por essa forma de cobrança, deverá respeitar uma ordem de prioridades, em respeito à liberdade individual do alimentante. Assim, se o devedor for funcionário público, militar ou empregado sujeito a legislação do trabalho, a primeira opção será pelo desconto em folha de pagamento do valor da prestação alimentícia. Se esses expedientes de exigência do chamado "pagamento direto" mostrarem-se inviáveis, daí sim poderá o credor requerer ao juiz a citação do devedor para, em três dias, efetuar o pagamento, provar que o fez ou justificar a impossibilidade de efetuá-lo, sob pena de prisão. O credor não é obrigado a recorrer antes à execução de bens do patrimônio do devedor para, somente depois de frustrada essa modalidade de cobrança, requerer a sua prisão.

A prisão civil por alimentos não tem caráter punitivo. Não constitui propriamente pena, mas meio de coerção, expediente destinado a forçar o devedor a cumprir a obrigação alimentar. Por essa razão, será imediatamente revogada se o débito for pago. Só se decreta a prisão se o devedor, embora solvente, procura frustrar a prestação, e não quando se acha impossibilitado de pagá-la. A jurisprudência dominante é a que entende não poder o juiz decretar, de ofício, a prisão do devedor. Tal decretação depende de requerimento do credor, embora se reconheça ser desnecessário pedido expresso. Pode ser deduzido do requerimento de instauração do processo de execução na modalidade do art. 528, § 3º do Código de Processo Civil de 2015 (que prevê a pena de prisão), bastando também expressões como citação do devedor para pagamento "sob as penas da lei" ou "sob as cominações legais". A legitimação para o pedido de prisão é exclusivamente do alimentando ou de seu representante legal, se incapaz. O Ministério Público, como geralmente atua nestas ações apenas como fiscal do processo, em defesa dos interesses do menor (CPC, art. 178, II), não pode pedir a prisão do obrigado. Poderá fazê-lo, entretanto, quando se tratar de promotor da infância e da juventude, colocando-se como substituto processual, com legitimação extraordinária para a iniciativa da ação alimentar em favor do menor, nas hipóteses regidas pelo Estatuto da Criança e do Adolescente (arts. 98, II, e 201, III). E também quando se tratar de pedido cumulado à investigação de paternidade, formulado com base na Lei n. 8.560/92, que lhe atribuiu legitimidade anômala.

Da composição dos textos do Código de Processo Civil e da Lei de Alimentos resulta o entendimento de que a prisão civil do devedor pode ser requerida tanto no caso de não pagamento dos alimentos definitivos, como também dos provisórios e provisionais (RTJ, 104:137; RT, 585:261). Decidiu o Superior Tribunal de Justiça que, se ainda não está confirmada a paternidade, o suposto pai não pode ser preso por falta de pagamento de alimentos provisórios. O art. 7º da Lei n. 8.560/92 nada dispõe sobre a fixação de alimentos provisórios quando ainda não há reconhecimento judicial da paternidade. Essa possibilidade só existe quando já foi proferida a sentença que reconhece a paternidade (4ª T., Rel. Min. Raul Araújo, disponível em: www.conjur.com.br, de 5-1-2010).

Quanto ao prazo da prisão civil, há jurisprudência que faz a seguinte distinção: se se trata de alimentos definitivos ou provisórios, o prazo máximo de duração é de sessenta dias, previsto no art. 19 da Lei de Alimentos de rito especial; em caso de falta de pagamento de alimentos provisionais, o prazo máximo é de três meses, estipulado no art. 528, § 3º, do Código de Processo Civil de 2015. No entanto, tem prevalecido o critério unitário de duração máxima de sessenta dias, aplicando-se a todos os casos o art. 19 da Lei de Alimentos, por tratar-se de lei especial, além de conter regra mais favorável ao paciente da medida excepcional (*odiosa restringenda*). É ineficaz o decreto de prisão omisso quanto ao respectivo prazo. Não é correto o entendimento de que, neste caso, deve-se considerar como correspondente a um mês, que é o mínimo previsto em lei (CPC, art. 528, § 3º). Sendo omisso, é inexequível, ressalvando-se porém a possibilidade da decretação por outra decisão que atenda aos ditames legais (*RT*, 490:373).

Só o descumprimento da prestação alimentícia sujeita o devedor à prisão, não assim o não pagamento de outras verbas, como custas, despesas periciais e honorários de advogado, que não podem ser incluídas no mandado de citação a que se refere o art. 911 do Código de Processo Civil de 2015. Caracterizando-se o deferimento da prisão civil, bem como o indeferimento, como decisão interlocutória, o recurso cabível é o agravo de instrumento. Como tal recurso não tinha efeito suspensivo, impetrava-se mandado de segurança para a obtenção desse efeito. Hoje, no entanto, com a regulamentação dada ao agravo de instrumento pelo Código de Processo Civil de 2015 (art. 1.015, parágrafo único), não se justifica mais a impetração do *mandamus*, porque o agravante pode requerer diretamente ao relator que determine a suspensão do cumprimento da decisão agravada até o julgamento do recurso pela Turma. O Tribunal de Justiça de São Paulo, considerando estar em jogo, nesses casos, o direito de locomoção, tem admitido a impetração de *habeas corpus* em caso de evidente ilegalidade, inadmitindo-o, todavia, quando o impetrante apenas alega impossibilidade econômico-financeira de efetuar o pagamento das prestações alimentícias. Cumprida a pena de prisão, o devedor não poderá ser novamente preso pelo não pagamento das mesmas prestações vencidas, mas poderá sê-lo outras vezes mais, quantas forem necessárias, se não pagar novas prestações que se vencerem. Têm os tribunais proclamado que a prisão civil somente poderá ser imposta para compelir o alimentante a suprir as necessidades atuais do alimentário, representadas pelas três últimas prestações, devendo as pretéritas ser cobradas em procedimento próprio. Nesse sentido a Súmula 309 do Superior Tribunal de Justiça: "O débito alimentar que autoriza a prisão civil do alimentante é o que compreende as três prestações anteriores à citação e as que vencerem no curso do processo". É preciso verificar, contudo, se as pretéritas tornaram-se antigas devido à má-fé e desídia do devedor ou às dificuldades e carências do credor, não se aplicando o referido critério no primeiro caso. A quitação parcial do débito relativo à pensão alimentícia não tem o condão de elidir a dívida e, por isso, não gera a revogação do decreto prisional, expedido por falta de pagamento da obrigação (TJRS, Ap. 70.013.980.990, Rel. Des. Brasil Santos, j. 25-1-2006).

Tem a jurisprudência, especialmente a do Superior Tribunal de Justiça, proclamado que, se o processo de execução de alimentos é suspenso por força de acordo entre as partes, o inadimplemento deste "autoriza o restabelecimento da ordem de prisão anteriormente decretada, independentemente de nova citação do devedor. Basta a intimação do respectivo procurador" (STJ, HC 16.602 SP, 3ª T., Rel. Min. Ari Pargendler, j. 7-8-2001).

51.3. ALIMENTOS GRAVÍDICOS

Mesmo a corrente que franqueia ao nascituro o acesso ao Judiciário impõe-lhe, porém, como requisito, a demonstração prévia do vínculo de paternidade, como o exige o art. 2º da Lei de Alimentos (Lei n. 5.478, de 25-7-1968). A Lei n. 11.804, de 5 de novembro de 2008, que regulou os alimentos gravídicos, veio resolver esse problema, conferindo legitimidade ativa à própria gestante para a propositura da ação de alimentos. O objetivo da referida lei, em última análise, é proporcionar um nascimento com dignidade ao ser concebido.

Alimentos gravídicos, segundo o art. 2º da citada Lei, são os destinados a cobrir as despesas adicionais do período de gravidez e que sejam dela decorrentes, da concepção ao parto. Compreendem inclusive (o rol não é taxativo) as referentes a "alimentação especial, assistência médica e psicológica, exames complementares, internações, parto, medicamentos e demais prescrições preventivas e terapêuticas indispensáveis, a juízo do médico, além de outras que o juiz considerar pertinentes".

Preceitua o art. 1º da lei em epígrafe: "Esta Lei disciplina o direito de alimentos da mulher gestante e a forma como será exercido". A legitimidade para a propositura da ação de alimentos é, portanto, da *mulher gestante*, independentemente de qualquer vínculo desta com o suposto pai. Basta a existência de *indícios de paternidade*, para que o juiz fixe os alimentos gravídicos, que perdurarão até o nascimento da criança (art. 6º). Ao fazê-lo, o juiz sopesará as necessidades da parte autora e as possibilidades da parte ré.

A legitimidade passiva foi atribuída exclusivamente ao suposto pai, não se estendendo a outros parentes do nascituro. Compete à gestante o ônus de provar a necessidade de alimentos. O suposto pai não é obrigado a arcar com todas as despesas decorrentes da gravidez, pois o parágrafo único do art. 2º da lei em apreço proclama que "os alimentos de que trata este artigo referem-se à parte das despesas que deverá ser custeada pelo futuro pai, considerando-se a contribuição que também deverá ser dada pela mulher grávida, na proporção dos recursos de ambos".

Dispõe o parágrafo único do art. 6º da referida Lei que, "após o nascimento com vida, os alimentos gravídicos ficam convertidos em pensão alimentícia em favor do menor até que uma das partes solicite a sua revisão". Quando do nascimento, os alimentos gravídicos mudam de natureza, convertem-se em favor do filho, apesar de o encargo do poder familiar ter parâmetro diverso, pois deve garantir ao credor o direito de desfrutar da mesma condição social do devedor.

A petição inicial da ação de alimentos gravídicos deve vir instruída com a comprovação da gravidez e dos indícios de paternidade do réu (por exemplo, cartas, *e-mails* ou outro documento em que o suposto pai admite a paternidade; comprovação da hospedagem do casal em hotel, pousada ou motel, no período da concepção; fotografias que comprovem o relacionamento amoroso do casal no período da concepção etc.). Os indícios de paternidade devem ser analisados sem muito rigor pelo juiz, ao decidir pela concessão ou não dos alimentos gravídicos.

Na V Jornada de Direito Civil do Conselho da Justiça Federal, foi aprovado o Enunciado 522, com a seguinte redação: "Cabe prisão civil do devedor nos alimentos gravídicos estabelecidos com base na Lei n. 11.804/2008, inclusive deferidos em qualquer caso de tutela de urgência".

Quadro sinótico – Dos alimentos

<table>
<tr><td>1. Conceito</td><td colspan="2">Alimentos são prestações para satisfação das necessidades vitais de quem não pode provê-las por si. Têm por finalidade fornecer a um parente, cônjuge ou companheiro o necessário à sua subsistência.</td></tr>
<tr><td>2. Conteúdo</td><td colspan="2">Abrangem o indispensável ao sustento, vestuário, habitação, assistência médica e instrução (CC, art. 1.920).</td></tr>
<tr><td rowspan="4">3. Espécies</td><td>Quanto à natureza</td><td>a) naturais (ou necessários);
b) civis (ou côngruos);
c) compensatórios.</td></tr>
<tr><td>Quanto à causa jurídica</td><td>a) legais (ou legítimos): devidos em virtude de uma obrigação legal, que pode decorrer do parentesco, do casamento ou do companheirismo (CC, art. 1.694);
b) voluntários: emanados de uma declaração de vontade inter vivos (obrigacionais) ou causa mortis (testamentários);
c) indenizatórios (ou ressarcitórios): resultantes da prática de ato ilícito.</td></tr>
<tr><td>Quanto à finalidade</td><td>a) definitivos: de caráter permanente, embora possam ser revistos (CC, art. 1.699);
b) provisórios: fixados liminarmente no despacho inicial;
c) provisionais (ou ad litem): determinados em medida cautelar.</td></tr>
<tr><td>Quanto ao momento em que são reclamados</td><td>a) pretéritos: quando o pedido retroage a período anterior ao ajuizamento da ação. Não são devidos;
b) atuais: os postulados a partir do ajuizamento da ação;
c) futuros: os alimentos devidos somente a partir da sentença.</td></tr>
</table>

<table>
<tr><td rowspan="3">4. Obrigação alimentar</td><td>Noção</td><td>Decorre da lei e é fundada no parentesco (CC, art. 1.694), ficando circunscrita aos ascendentes, descendentes e colaterais até o segundo grau, com reciprocidade.</td></tr>
<tr><td>Características</td><td>— é transmissível (CC, art. 1.700);
— é divisível e não solidária. Cada devedor responde por sua quota-parte (CC, art. 1.698).</td></tr>
<tr><td>Pressupostos</td><td>a) existência de um vínculo de parentesco;
b) necessidade do reclamante;
c) possibilidade da pessoa obrigada;
d) proporcionalidade entre as necessidades do alimentário e os recursos do alimentante.</td></tr>
<tr><td>5. Alimentos decorrentes do dever familiar</td><td colspan="2">Os alimentos decorrem também do dever familiar, como ocorre na relação entre os pais e os filhos menores, entre cônjuges e companheiros. O dever de sustentar os filhos menores é expresso nos arts. 1.566, IV, do CC, e 229 da CF. Cessa quando o filho se emancipa ou atinge a maioridade, podendo surgir, depois, a obrigação alimentar, de natureza genérica, decorrente do parentesco (CC, art. 1.694).</td></tr>
<tr><td>6. Características do direito a alimentos</td><td colspan="2">a) é personalíssimo;
b) é incessível (CC, arts. 286 e 1.707);
c) é impenhorável (CC, art. 1.707);
d) é incompensável (CC, arts. 373, II, e 1.707);
e) é imprescritível, prescrevendo somente as prestações já fixadas;
f) é intransacionável, podendo ser transacionado somente o quantum das prestações (CC, art. 841);
g) é atual;
h) é irrepetível ou irrestituível;
i) é irrenunciável (CC, art. 1.707).</td></tr>
<tr><td rowspan="2">7. Pessoas obrigadas a prestar alimentos</td><td>Em razão da união conjugal</td><td>Cônjuge ou companheiro, durante ou após a dissolução da sociedade conjugal ou da união estável (CC, art. 1.694). Cessa o dever com "o casamento, a união estável ou o concubinato do credor" (CC, art. 1.708), bem como com o procedimento indigno deste (parágrafo único).</td></tr>
<tr><td>Em razão do parentesco (ordem preferencial)</td><td>a) pai e mãe;
b) demais ascendentes, na ordem de sua proximidade;
c) descendentes, na ordem da sucessão;
d) os irmãos, unilaterais ou bilaterais, sem distinção ou preferência (CC, arts. 1.696 e 1.697).</td></tr>
</table>

8. Meios para garantir o pagamento da pensão	**a)** Ação de alimentos, para reclamá-los (Lei n. 5.478/68). **b)** Execução por quantia certa (CPC, art. 913). **c)** Penhora em vencimento de magistrados, professores e funcionários públicos, soldo de militares e salários em geral, inclusive subsídios de parlamentares (CPC, art. 833, IV). **d)** Desconto em folha de pagamento da pessoa obrigada (CPC, art. 529). **e)** Entrega ao cônjuge, mensalmente, para assegurar o pagamento de alimentos provisórios (Lei n. 5.478/68, art. 4º, parágrafo único), de parte da renda líquida dos bens comuns, administrados pelo devedor, se o regime de casamento for o da comunhão universal de bens. **f)** Constituição de garantia real ou fidejussória e de usufruto (Lei n. 6.515/77, art. 21). **g)** Prisão do devedor (Lei n. 5.478/68, art. 21; CPC, art. 911).
9. Ação de alimentos	— Só pode valer-se do rito especial da Lei de Alimentos (Lei n. 5.478/68) quem puder apresentar prova pré-constituída do **parentesco** (certidão de nascimento) ou do **dever alimentar** (certidão de casamento ou comprovante do companheirismo). Quem não puder fazê-lo terá de ajuizar ação ordinária. — Ao despachar a inicial, o juiz fixará desde logo **alimentos provisórios** (art. 4º). — A **ação revisional** dos alimentos definitivos segue o mesmo rito da Lei n. 5.478/68 (art. 13). — Na sentença, o juiz fixa alimentos segundo seu convencimento, não estando adstrito ao *quantum* pleiteado na inicial. O critério para a fixação é a necessidade do alimentando e a possibilidade do alimentante. — O débito alimentar que autoriza a prisão civil do alimentante é o que compreende as três prestações anteriores à citação e as que vencerem no curso do processo (STJ, Súmula 309).
10. Alimentos gravídicos	São os destinados a cobrir as despesas adicionais do período de gravidez e que sejam dela decorrentes, da concepção ao parto (Lei n. 11.804/2008).

Subtítulo IV
DO BEM DE FAMÍLIA

52 DO BEM DE FAMÍLIA VOLUNTÁRIO

O Código Civil de 2002 deslocou a matéria para o direito de família, disciplinando-a no título referente ao direito patrimonial (arts. 1.711 a 1.722). É instituto originário do direito americano, na figura do *homestead* (isenção de penhora, em favor de pequena propriedade).

O art. 1.711 do aludido diploma permite aos cônjuges ou à entidade familiar a constituição do bem de família, mediante escritura pública ou testamento, não podendo seu valor ultrapassar um terço do patrimônio líquido do instituidor existente ao tempo da instituição. Ao mesmo tempo, declara mantidas as regras sobre a impenhorabilidade do imóvel residencial estabelecida em lei especial. Desse modo, só haverá necessidade de sua instituição pelos meios supramencionados na hipótese do parágrafo único do art. 5º da Lei n. 8.009/90, ou seja, quando o casal ou entidade familiar possuir vários imóveis, utilizados como residência, e não desejar que a impenhorabilidade recaia sobre o de menor valor. Neste caso, deverá ser instituído o bem de família mediante escritura pública, registrada no Registro de Imóveis, na forma do art. 1.714 do Código Civil, escolhendo-se um imóvel de maior valor para tornar-se impenhorável.

O art. 1.712 do estatuto civil admite que o bem de família se constitua em imóvel urbano ou rural, "com suas pertenças e acessórios, destinando-se em ambos os casos a domicílio familiar, e poderá abranger valores mobiliários, cuja renda será aplicada na conservação do imóvel e no sustento da família". O mencionado dispositivo vincula, pois, o bem de família móvel ao imóvel, não podendo aquele existir isoladamente, nem exceder o valor do prédio convertido em bem de família, à época de sua instituição (art. 1.713). Constitui-se pelo registro de seu título no Registro de Imóveis, quando instituído pelos cônjuges ou companheiros ou por terceiro (art. 1.714), dependendo a sua eficácia, no último caso, de aceitação expressa (art. 1.711, parágrafo único), ficando isento, desde então, de execução por dívidas posteriores à sua instituição, "salvo as que provierem de tributos relativos ao prédio, ou de despesas de condomínio" (art. 1.715). A isenção durará enquanto viver um dos cônjuges (acrescente-se: ou companheiros), ou, na falta destes, até que os filhos completem a maioridade (art. 1.716). Apura-se o patrimônio líquido do instituidor, para os fins do citado art. 1.711, deduzindo-se o total de suas dívidas.

Os imóveis, e também os móveis, que integram o bem de família devem sempre ligar-se à destinação residencial (art. 1.717) e não podem ser alienados sem o consentimento dos interessados ou de seus representantes legais, ouvido o Ministério Público. Quando tornar-se impossível a sua manutenção, poderá o juiz, a pedido dos interessados, extingui-lo ou autorizar sua sub-rogação em outros, devendo ser ouvidos o instituidor e o Ministério Público (art. 1.719). A administração do bem de família compete a ambos os cônjuges (acrescente-se: ou companheiros), salvo disposição em contrário estipulada no ato de instituição, resolvendo o juiz em caso de divergência. Com o falecimento destes, a administração passará ao filho mais velho, se for maior, e, do contrário, a seu tutor (art. 1.720 e parágrafo único).

Dá-se a extinção do bem de família "com a morte de ambos os cônjuges e a maioridade dos filhos, desde que não sujeitos a curatela" (art. 1.722). A dissolução da sociedade conjugal não o extingue, mas, se esta decorrer da morte de um dos cônjuges ou companheiros, o sobrevivente poderá pedir a sua extinção, se for o único bem do casal (art. 1.721 e parágrafo único).

Há, atualmente, duas espécies de bem de família, ambas incidindo sobre bens imóveis e móveis àqueles vinculados: 1) o voluntário, decorrente da vontade dos cônjuges, companheiros ou terceiro; 2) o involuntário ou legal, resultante de estipulação legal (Lei n. 8.009/90).

53 DO BEM DE FAMÍLIA INVOLUNTÁRIO OU LEGAL

A Lei n. 8.009/90 veio ampliar o conceito de bem de família, que não depende mais de instituição voluntária, mediante as formalidades previstas no Código Civil. Agora, resulta ele diretamente da lei, de ordem pública, que tornou impenhorável o imóvel residencial, próprio do casal, ou da entidade familiar, que não responderá por qualquer tipo de dívida civil, comercial, fiscal, previdenciária ou de outra natureza, contraída pelos cônjuges ou pelos pais ou filhos que sejam seus proprietários e nele residam, salvo nas hipóteses expressamente previstas nos arts. 2º e 3º, II a VII (fiança em contrato de locação, pensão alimentícia, impostos e taxas que recaem sobre o imóvel etc.). Tem a jurisprudência admitido a penhora do bem de família por não pagamento de despesas condominiais.

Malgrado já se tenha decidido que a impenhorabilidade não alcança, porém, o imóvel do devedor solteiro, que reside solitário (STJ, *RT*, 726:203), a jurisprudência acabou tomando rumo contrário (STJ, *RT*, 818:158), consubstanciado na Súmula 364 do STJ, *verbis*: "O conceito de impenhorabilidade de bem de família abrange também o imóvel pertencente a pessoas solteiras, separadas e viúvas". Reitere-se que o art. 1.711 do Código Civil declara mantidas as regras sobre a impenhorabilidade do imóvel residencial, estabelecidas em lei especial.

Decidiu o Superior Tribunal de Justiça que, se o imóvel está locado servindo de subsistência da família que passa a morar em imóvel alugado, nem por isso o bem perde a sua destinação imediata que continua sendo garantia à moradia familiar (REsp 98.958-DF, j. 19-11-1996). A propósito, dispõe a Súmula 486 da aludida Corte: "É impenhorável o único imóvel residencial do devedor que esteja locado a terceiros, desde que a renda obtida com a locação seja revertida para a subsistência ou a moradia da sua família".

Quadro sinótico – Do bem de família

1. Conceito	A instituição do bem de família é uma forma de afetação do imóvel residencial a um destino especial, tornando-o o asilo da família e, assim, impenhorável por dívidas posteriores à sua constituição, salvo as provenientes de impostos devidos pelo próprio prédio, enquanto forem vivos os cônjuges e até que os filhos completem sua maioridade.
2. Espécies	a) voluntário, decorrente da vontade dos cônjuges, companheiros ou terceiro (CC, art. 1.711); b) involuntário ou legal, resultante de estipulação legal (Lei n. 8.009/90).

3. Bem de família voluntário	O art. 1.711 do CC permite aos cônjuges ou à entidade familiar a constituição do bem de família, mediante **escritura pública** ou **testamento**, não podendo seu valor ultrapassar um terço do patrimônio líquido do instituidor existente ao tempo da instituição. Ao mesmo tempo, declara mantidas as regras sobre a impenhorabilidade do imóvel residencial estabelecida em **lei especial**. Desse modo, só haverá necessidade de sua instituição pelos meios supramencionados na hipótese do parágrafo único do art. 5º da Lei n. 8.009/90, ou seja, quando o casal ou entidade familiar possuir vários imóveis, utilizados como residência, e não desejar que a impenhorabilidade recaia sobre o de menor valor.
4. Extinção	Dá-se a extinção do bem de família "com a morte de ambos os cônjuges e a maioridade dos filhos, desde que não sujeitos a curatela" (CC, art. 1.722).
5. Bem de família involuntário	A Lei n. 8.009/90 veio ampliar o conceito de bem de família, que não depende mais de instituição voluntária, mediante as formalidades previstas no CC. Agora, resulta ele diretamente da lei, de ordem pública, que tornou impenhorável o imóvel residencial, próprio do casal, ou da entidade familiar, que não responderá por qualquer tipo de dívida civil, comercial, fiscal, previdenciária ou de outra natureza, contraída pelos cônjuges ou pelos pais ou filhos que sejam seus proprietários e neles residam, salvo nas hipóteses expressamente previstas nos arts. 2º e 3º, I a VII.

Título III
DA UNIÃO ESTÁVEL

54 CONCEITO E EVOLUÇÃO

A união entre o homem e a mulher, sem casamento, foi chamada, durante longo período histórico, de concubinato. O Código Civil de 1916 continha alguns dispositivos que faziam restrições a esse modo de convivência, proibindo, por exemplo, doações ou benefícios testamentários do homem casado à concubina, ou a inclusão desta como beneficiária de contrato de seguro de vida. Aos poucos, no entanto, a começar pela legislação previdenciária, alguns direitos da concubina foram sendo reconhecidos, tendo a jurisprudência admitido outros, como o direito à meação dos bens adquiridos pelo esforço comum (STF, Súmula 380). As restrições existentes no Código Civil passaram a ser aplicadas somente aos casos de concubinato adulterino, em que o homem vivia com a esposa e, concomitantemente, mantinha concubina. Quando, porém, encontrava-se separado de fato da esposa e estabelecia com a concubina um relacionamento *more uxorio*, isto é, de marido e mulher, tais restrições deixavam de ser aplicadas, e a mulher passava a ser chamada de companheira. Também começou a ser utilizada a expressão "concubinato impuro", para fazer referência ao adulterino, envolvendo pessoa casada em ligação amorosa com terceiro, ou para apontar os que mantêm mais de uma união de fato. "Concubinato puro" ou companheirismo seria a convivência duradoura, como marido e mulher, sem impedimentos decorrentes de outra união (caso dos solteiros, viúvos, separados judicialmente, divorciados ou que tiveram o casamento anulado). A expressão "concubinato" é hoje utilizada para designar o relacionamento amoroso envolvendo pessoas casadas, que infringem o dever de fidelidade (adulterino). Configura-se, segundo o Código Civil de 2002, quando ocorrem "relações não eventuais entre o homem e a mulher, impedidos de casar" (art. 1.727). Malgrado a impropriedade da expressão utilizada, deve-se entender que nem todos os impedidos de casar são concubinos, pois o § 1º do art. 1.723 trata como união estável a convivência pública e duradoura entre pessoas separadas de fato e que mantêm o vínculo de casamento, não sendo separadas de direito. O grande passo, no entanto, foi dado pela atual Constituição, ao proclamar, no art. 226, § 3º: "Para efeito da proteção do Estado, é reconhecida a união estável entre o homem e a mulher como entidade familiar, devendo a lei facilitar sua conversão em casamento".

55 REGULAMENTAÇÃO DA UNIÃO ESTÁVEL

A primeira regulamentação da norma constitucional que trata da união estável adveio com a Lei n. 8.971, de 29 de dezembro de 1994, que definiu como "companheiros" o homem e a mulher que mantenham união comprovada, na qualidade de solteiros, separados judicialmente, divorciados ou viúvos, por mais de cinco anos, ou com prole (concubinato puro). A Lei n. 9.278, de 10 de maio de 1996, alterou esse conceito, omitindo os requisitos de natureza pessoal, tempo mínimo de convivência e existência de prole. Preceitua o seu art. 1º que se considera entidade familiar a convivência duradoura, pública e contínua, de um homem e de uma mulher, estabelecida com o objetivo de constituição de família. Usou-se a expressão "conviventes" em substituição a "companheiros". Embora esse artigo não aludisse expressamente à união estável pura, ou seja, não incestuosa e não adulterina, inegavelmente se aplicava a ela. Conforme acentuou Álvaro Villaça Azevedo, em comentário publicado na *Revista Literária de Direito* (n. 11, p. 19), "é certo que o § 3º do art. 226 da Constituição Federal também não especifica nesse sentido; contudo, ambos os dispositivos legais apontam o objetivo de constituição familiar, o que impede que exista concubinato impuro (contra o casamento preexistente de um dos concubinos ou em situação incestuosa) ou concubinato desleal (em concorrência com outro concubinato puro)".

56 A UNIÃO ESTÁVEL NO CÓDIGO CIVIL DE 2002

O Código Civil fez significativa mudança, inserindo o título referente à união estável no Livro de Família e incorporando, em cinco artigos, os princípios básicos das Leis n. 8.971/94 e 9.278/96. Tratou, nesses artigos, dos aspectos pessoais e patrimoniais, deixando para o direito das sucessões o efeito patrimonial sucessório (CC, art. 1.790). Em face da equiparação do referido instituto ao casamento, aplicam-se-lhe os mesmos princípios e normas atinentes a alimentos entre cônjuges (*v.* n. 50, *retro*). Anote-se que, havendo previsão legal para a concessão de alimentos aos companheiros desde a vigência das leis especiais supracitadas, não mais se justifica falar em indenização por serviços prestados ao que não deu causa à dissolução da união estável, conforme vem reconhecendo a jurisprudência.

Preceitua o art. 1.723 do atual diploma: "É reconhecida como entidade familiar a união estável entre o homem e a mulher, configurada na convivência pública, contínua e duradoura e estabelecida com o objetivo de constituição de família". Na mesma linha do art. 1º da Lei n. 9.278/96, não foi estabelecido período mínimo de convivência. Não é, pois, o tempo com determinação de número de anos que deverá caracterizar uma relação como união estável, mas os outros elementos mencionados. Foi admitida expressamente, no § 1º do aludido dispositivo, a união estável entre pessoas que mantiveram seu estado civil de casadas, estando porém separadas de fato, nestes termos: "A união estável não se constituirá se ocorrerem os impedimentos do art. 1.521; não se aplicando a incidência do inciso VI no caso de a pessoa casada se achar separada de fato ou judicialmente".

O art. 1.724 regula as relações pessoais entre os companheiros, declarando que devem obedecer aos deveres de "lealdade, respeito e assistência, e de guarda, sustento e educação dos filhos". O dever de fidelidade recíproca está implícito nos de lealdade e respeito. Justifica-se a não inclusão do dever de coabitação, em virtude do entendimento hoje tranquilo de que a vida em comum sob o mesmo teto, *more uxorio*, não é indispensável à caracterização do companheirismo (STF, Súmula 382).

O art. 5º da Lei n. 9.278/96 estabeleceu a presunção de colaboração dos conviventes na formação do patrimônio durante a vida em comum, invertendo-se o ônus probatório, que competia ao que negava a participação do outro. A presunção de esforço comum não era absoluta, pois mesmo estando estabelecida em lei podia ser contestada. O art. 1.725 do Código Civil, embora guarde semelhança com o referido dispositivo, não abre a possibilidade de se provar o contrário para afastar o pretendido direito à meação, pois a união estável, nesse particular, foi integralmente equiparada ao casamento realizado no regime da comunhão parcial de bens. Dispõe, com efeito, o mencionado dispositivo: "Na união estável, salvo contrato escrito entre os companheiros, aplica-se às relações patrimoniais, no que couber, o regime da comunhão parcial de bens". Em suma, os bens adquiridos a título oneroso na constância da união estável pertencem a ambos os companheiros, devendo ser partilhados, em caso de dissolução, com observância das normas que regem o regime da comunhão parcial de bens. Manteve-se a possibilidade de os companheiros celebrarem contrato escrito que disponha de forma contrária, adotando, por exemplo, regime semelhante ao da comunhão universal ou da separação absoluta, ou estabelecendo novas regras. A administração do patrimônio comum compete a ambos os companheiros (CC, art. 1.663), salvo estipulação diversa no contrato escrito.

O art. 1.726 do Código Civil destina-se a operacionar o mandamento constitucional sobre a facilitação da conversão da união estável em casamento, facultando aos companheiros formular requerimento nesse sentido ao juiz e providenciar o assento no Registro Civil. No entanto, por não esclarecer o procedimento a ser adotado, mostra-se inócuo. É evidente que o oficial deverá exigir todas as providências que o Código Civil prevê para a habilitação ao casamento, especialmente para fins de verificação da existência de impedimentos, sob pena de restar frustrada a figura do casamento civil, pois bastará viver o casal em concubinato durante algum tempo, sem qualquer formalidade, e convertê-lo, também sem qualquer formalidade, em casamento civil. A determinação para que a conversão seja judicial e não administrativa dificultará o procedimento, ao invés de facilitá-lo, como recomenda a norma constitucional. Na prática continuará sendo mais simples às pessoas casar diretamente do que converter sua união estável em casamento.

A nova regulamentação da união estável destina-se aos companheiros com vida em comum na data de início da vigência do Código Civil de 2002, não se aplicando a situações de convivência já cessada em definitivo antes dessa data. Impõe-se, ainda, aos casos de união iniciada anteriormente, mas prorrogada até o início da vigência do atual diploma ou mantida depois. As cessadas depois de 29 de dezembro de 1994 sujeitam-se às normas das Leis n. 8.971/94 e 9.278/96, conforme a data da cessação, sendo que as terminadas anteriormente, em definitivo, não são alcançadas por nenhum dos referidos diplomas legais.

Conforme já mencionado no item 42, *retro*, entende o Superior Tribunal de Justiça que, à semelhança do que ocorre com o casamento, na união estável é obrigatório o regime de separação de bens, no caso de companheiro com idade igual ou superior a 60 anos. Frisou a aludida Corte que, todavia, casamento de idosos que já viviam em união estável dispensa separação de bens (4ª T., disponível em *Revista Consultor Jurídico* de 16-12-2016).

No dia 5 de maio de 2011, o Supremo Tribunal Federal reconheceu a união homoafetiva como entidade familiar, regida pelas mesmas regras que se aplicam à união estável dos casais heterossexuais. Proclamou-se, com efeito vinculante, que o não reconhecimento da união homoafetiva contraria preceitos fundamentais como igualdade, liberdade e dignidade humana.

Resta saber se há a possibilidade de casamento, não a conversão, de pessoas do mesmo sexo. A Quarta Turma do Superior Tribunal de Justiça respondeu afirmativamente. Salientou o relator, Min. Luis Felipe Salomão, que o legislador poderia, se quisesse, ter utilizado expressão restritiva, de modo que o casamento entre pessoas do mesmo sexo ficasse definitivamente excluído da abrangência legal – o que não ocorreu. Por consequência, aduziu "o mesmo raciocínio utilizado, tanto pelo STJ quanto pelo Supremo Tribunal Federal, para conceder aos pares homoafetivos os direitos decorrentes da união estável, deve ser utilizado para lhes franquear a via do casamento civil, mesmo porque é a própria Constituição Federal que determina a facilitação da conversão da união estável em casamento" (REsp 1.183.378).

Constituem pressupostos de ordem objetiva da união estável: a) convivência *more uxorio*, e b) *affectio maritalis* (ânimo ou objetivo de constituir família). E, de ordem objetiva: a) notoriedade (convivência pública); b) estabilidade ou duração prolongada; c) continuidade; d) inexistência de impedimentos matrimoniais; e e) relação monogâmica.

Mesmo sem registro público, contratos de união estável podem discutir regime patrimonial. A liberdade conferida aos conviventes para definir questões patrimoniais deve se pautar apenas nos requisitos de validade dos negócios jurídicos, conforme regula o art. 104 do Código Civil, uma vez que o único requisito exigido para a validade do contrato é a formalização por escrito (cf. STJ, 3ª T., disponível em *Revista Consultor Jurídico* de 3-2-2017).

Quadro sinótico – Da união estável

1. Conceito	É a que se constitui pela convivência pública, contínua e duradoura de um homem e uma mulher, estabelecida com o objetivo de constituição de família (CC, art. 1.723; CF, art. 226, § 3º).
2. Pessoas separadas de fato	O CC admite, expressamente, no § 1º do art. 1.723, a união estável entre pessoas que mantiveram seu estado civil de casadas, estando porém separadas de fato.
3. Relações pessoais	As relações pessoais entre os companheiros devem obedecer aos deveres de lealdade, respeito e assistência, e de guarda, sustento e educação dos filhos (CC, art. 1.724). O dever de fidelidade recíproca está implícito nos de lealdade e respeito. A coabitação não é indispensável à caracterizaçao do companheirismo (STF, Súmula 382).
4. Regime de bens	Na união estável, salvo contrato escrito entre os companheiros, aplica-se às relações patrimoniais, no que couber, o regime da comunhão parcial de bens (CC, art. 1.725). Assim, os bens adquiridos a título oneroso na constância da união estável pertencem a ambos os companheiros, assim como a sua administração (CC, art. 1.663).
5. Conversão em casamento	Visando operacionar o mandamento constitucional sobre a facilitação da conversão da união estável em casamento, o art. 1.726 do CC faculta aos companheiros formular requerimento nesse sentido ao juiz e providenciar o assento no Registro Civil.
6. Concubinato	A expressão "concubinato" é hoje utilizada para designar o relacionamento amoroso envolvendo pessoas casadas, que infringem o dever de fidelidade (adulterino). Configura-se quando ocorrem "relações não eventuais entre o homem e a mulher, impedidos de casar" (CC, art. 1.727). Denominado "concubinato impuro", não enseja a configuração de união estável, pois o objetivo desta é a constituição de família.

Título IV
DA TUTELA E DA CURATELA

Capítulo I
DA TUTELA

57 CONCEITO. ESPÉCIES

Tutela é o encargo conferido por lei a uma pessoa capaz, para cuidar da pessoa do menor e administrar seus bens. Destina-se a suprir a falta do poder familiar e tem nítido caráter assistencial. Dispõe o art. 1.728 do Código Civil que os filhos menores são postos em tutela: a) com o falecimento dos pais, ou sendo estes julgados ausentes; b) em caso de os pais decaírem do poder familiar. Constitui um sucedâneo do poder familiar e é incompatível com este. Se os pais recuperarem o poder familiar, ou se este surgir com a adoção ou o reconhecimento do filho havido fora do casamento, cessará a tutela. Se o menor ainda se encontrar sob o poder familiar, só se admitirá a nomeação de tutor depois que os pais forem destituídos de tal encargo. O tutor exerce um múnus público, uma delegação do Estado. É considerada um encargo público e obrigatório, salvo as hipóteses dos arts. 1.736 e 1.737 do Código Civil.

As formas ordinárias de tutela civil são: testamentária, legítima e dativa (CC, arts. 1.729 a 1.732). O art. 1.734 do Código Civil refere-se à tutela do menor abandonado, que terá tutor nomeado pelo juiz ou será recolhido a estabelecimento público destinado a esse fim, ficando sob a responsabilidade do Estado. Tal espécie de tutela encontra-se hoje regulamentada pelo Estatuto da Criança e do Adolescente, inexistindo incompatibilidade entre os dois diplomas. A tutela de fato (ou irregular) dá-se quando uma pessoa passa a zelar pelo menor e por seus bens, sem ter sido nomeada. Os seus atos não têm validade, não passando o suposto tutor de mero gestor de negócios. A tutela *ad hoc*, também chamada de provisória ou especial, ocorre quando uma pessoa é nomeada tutora para a prática de determinado ato, sem destituição dos pais do poder familiar. Muitas vezes, para atender aos interesses do menor, o juiz nomeia-lhe um tutor somente para consentir no seu casamento, por exemplo, porque os pais encontram-se em local ignorado, ou para permitir que o tutor nomeado inscreva o menor como seu beneficiário no instituto previdenciário. Também se denomina tutor *ad hoc* o curador especial nomeado pelo juiz quando os interesses do incapaz colidirem com os do tutor. Há, ainda, a tutela dos índios, que o art. 4º, parágrafo único, do Código Civil remete à legislação especial. Tal modalidade de tutela encontra-se atualmente regulamentada pela Lei n. 6.001/73 (Estatuto do Índio) e é exercida pela União Federal, por meio da Fundação Nacional do Índio (Funai). O índio pertencente às comunidades não integradas é incapaz desde o seu nascimento, sendo necessária a participação da Funai para a prática de qualquer ato da vida civil. Poderá ser liberado da tutela da União se estiver adaptado à civilização, preenchendo os requisitos do art. 9º da aludida lei, mediante solicitação feita à Justiça Federal, com a manifestação da Funai. A tutela dos silvícolas e a do menor em situação irregular são espécies de tutela estatal.

A tutela testamentária é tratada nos arts. 1.729 e 1.730 do Código Civil, que atribuem o direito de nomear tutor somente aos pais, em conjunto. Não há a prevalência de um sobre o outro. Se estão vivos, a nomeação deve ser feita por ambos, como resultado da isonomia constitucional observada no mencionado art. 1.729. Só se admite a nomeação por apenas um deles se o outro for falecido. Se este outro estiver vivo e no exercício do poder familiar, não poderá dele ser afastado pela manifestação unilateral de última vontade do testador. A nomeação é feita por testamento ou outro documento autêntico, como codicilo, escritura pública e escrito particular (CC, art. 1.729, parágrafo único). Documento autêntico é qualquer documento, público ou particular, em que as assinaturas dos pais estejam reconhecidas por tabelião. Quando o ato requer escritura pública, como única forma admitida, a lei o diz expressamente. Mesmo feita por instrumento particular, a nomeação não deixa de ser testamentária por somente produzir efeitos após a morte do nomeante. Só podem nomear tutor para os filhos os pais que, por ocasião de sua morte (e não quando da elaboração do testamento), detinham o poder familiar. O art.

1.730 considera nula a nomeação feita por quem não preenchia esse requisito. O Código Civil de 1916 era criticado por ter incluído os avós no rol daqueles que podiam nomear tutor, sendo tal permissão considerada um resquício do romanismo, quando aos avós podia ser atribuído também o poder familiar. Em nosso direito, é ele privativo dos pais. O atual Código Civil corrige, assim, a posição anteriormente adotada, deferindo somente aos pais o direito de nomear tutor aos filhos.

Não havendo nomeação de tutor, por testamento ou outro documento autêntico, incumbe a tutela aos parentes consanguíneos do menor, sendo chamada de legítima. O art. 1.731 do Código Civil indica os parentes que devem ser nomeados pelo juiz, em ordem preferencial: ascendentes e colaterais até o terceiro grau. Preceitua o aludido dispositivo: "Em falta de tutor nomeado pelos pais incumbe a tutela aos parentes consanguíneos do menor, por esta ordem: I – aos ascendentes, preferindo o de grau mais próximo ao mais remoto; II – aos colaterais até o terceiro grau, preferindo os mais próximos aos mais remotos, e, no mesmo grau, os mais velhos aos mais moços; em qualquer dos casos, o juiz escolherá entre eles o mais apto a exercer a tutela em benefício do menor". Observa-se ter sido acolhida a orientação doutrinária e jurisprudencial de não considerar absoluta a ordem preferencial estabelecida, devendo ser observada se os indicados forem idôneos e capazes. A bem do menor, pode o juiz alterá-la e até não nomear nenhum dos parentes consanguíneos, se comprovadamente inidôneos ou incapacitados, escolhendo pessoa idônea estranha à família, pois deve-se sempre dar prevalência aos interesses do incapaz.

A tutela é dativa quando não há tutor testamentário, nem a possibilidade de nomear-se parente consanguíneo do menor, ou porque não existe nenhum, ou porque os que existem são inidôneos, foram excluídos ou se escusaram (art. 1.732). Tem, portanto, caráter subsidiário. Neste caso, o juiz nomeará pessoa estranha à família, idônea e residente no domicílio do menor.

Dispõe o art. 1.733 do Código Civil que, no caso de irmãos órfãos, dar-se-á somente um tutor. Pretende-se, com isso, facilitar a administração dos patrimônios e manter juntos os irmãos, em razão dos laços de afetividade que os unem. Entretanto, tal regra não deve ser interpretada como de caráter absoluto. Pode o juiz dividir a tutela, conforme as circunstâncias, para melhor atender aos interesses dos menores irmãos. Se constar do testamento a nomeação de mais de um tutor, sem esclarecer qual deverá ter precedência, entender-se-á que a tutela foi deferida ao primeiro dos que tiverem sido designados, sucedendo-lhe os demais, se ocorrer morte, incapacidade, escusa ou qualquer outro impedimento (art. 1.733, § 1º).

58 REGULAMENTAÇÃO DA TUTELA

O art. 1.735 do Código Civil considera incapazes de exercer a tutela pessoas que não têm a livre administração de seus bens, ou cujos interesses colidam com os do menor, ou que tenham sido condenados por crime de natureza patrimonial e não sejam probas e honestas, ou ainda que exerçam função pública incompatível com a boa administração da tutela. O art. 6º da Lei n. 13.146/2015 (Estatuto da Pessoa com Deficiência) dispõe que a deficiência não afeta a plena capacidade civil da pessoa para "VI – exercer o direito à guarda, à tutela, à curatela e à adoção, como adotante ou adotando, em igualdade de oportunidades com as demais pessoas". Embora a tutela seja um múnus público, portanto obrigatório, admitem-se algumas escusas. O art. 1.736 proclama que podem escusar-se da tutela: "I – mulheres casadas; II – maiores de sessenta anos; III – aqueles que tiverem sob sua autoridade mais de três filhos; IV – os impossibilitados por enfermidade; V – aqueles que habitarem longe do lugar onde se haja de exercer a tutela; VI – aqueles que já exerceram tutela ou curatela; VII – militares em serviço". Por sua vez, preceitua o art. 1.737 que "quem não for parente do menor não poderá ser obrigado a aceitar a tutela, se houver no lugar parente idôneo, consanguíneo ou afim, em condições de exercê-la". Embora não haja limitação ao parentesco consanguíneo, na linha colateral deve limitar-se ao quarto grau, porque tais parentes são sucessíveis. Critica a doutrina a inclusão dos afins, pois não têm direito a reclamar alimentos, nem à sucessão hereditária. Visando resguardar os interesses do tutelado, determina o art. 1.745 que os bens do menor sejam entregues ao tutor "mediante termo especificado deles e seus valores, ainda que os pais o tenham dispensado". Aduz o parágrafo único que, se o patrimônio do menor for de valor considerável, "poderá o juiz condicionar o exercício da tutela à prestação de caução bastante, podendo dispensá-la se o tutor for de reconhecida idoneidade". O juiz responde subsidiariamente pelos prejuízos que sofra o menor "quando não tiver exigido garantia legal do tutor, nem o removido, tanto que se tornou suspeito", e direta e pessoalmente "quando não tiver nomeado o tutor, ou não o houver feito oportunamente" (CC, art. 1.744, II e I).

O exercício da tutela assemelha-se ao do poder familiar, mas não se lhe equipara, pois sofre algumas limitações, sendo ainda sujeito à inspeção judicial. O tutor é obrigado a apresentar balanços anuais e a prestar contas em juízo, sob forma contábil, de dois em dois anos, de sua administração (CC, art. 1.757). As contas são verificadas pelo promotor e julgadas pelo juiz. A quitação dada pelo menor, finda a tutela pela emancipação ou maioridade, não produzirá efeitos antes de aprovadas as contas (art. 1.758). O tutor não pode, para corrigir o menor, aplicar-lhe castigos físicos, ainda que moderadamente, devendo reclamar do juiz que providencie, como houver por bem (art. 1.740, II). Também não pode emancipar voluntariamente o pupilo. A emancipação do tutelado dá-se por sentença judicial (CC, art. 5º, parágrafo único, I).

A venda de imóveis pertencentes ao menor só pode ser feita mediante autorização judicial e quando houver manifesta vantagem, mediante prévia avaliação judicial (art. 1.750). Certos atos o tutor não pode praticar nem mesmo com autorização judicial, sob pena de nulidade (art. 1.749). Responde o tutor pelos prejuízos que, por culpa, ou dolo, causar ao pupilo, mas tem direito a ser pago pelo que realmente despender no exercício da tutela e, salvo no caso do art. 1.734, a perceber uma remuneração proporcional à importância dos bens administrados. O art. 1.743 do atual Código Civil, sem correspondência com dispositivo do diploma de 1916, preceitua que, "se os bens e interesses administrativos exigirem conhecimentos técnicos, forem complexos, ou realizados em lugares distantes do domicílio do tutor, poderá este, mediante aprovação judicial, delegar a outras pessoas físicas ou jurídicas o exercício parcial da tutela".

O art. 1.742 do Código Civil de 2002, inovando, autoriza o juiz a nomear um protutor para fiscalização dos atos do tutor. A figura do protutor existia no direito romano, correspondendo à figura do gestor dos negócios do menor ou pupilo. Na forma adotada, incumbe-lhe auxiliar o juiz, fiscalizando a atuação do tutor e informando o magistrado sobre qualquer malversação dos bens por ele recebidos mediante termo especificado.

59 DA CESSAÇÃO DA TUTELA

Cessa a tutela, em relação ao menor, com a maioridade ou emancipação (porque nestes casos não mais precisa de proteção), bem como ao cair sob o poder familiar, no caso de reconhecimento ou adoção (CC, art. 1.763). Sendo a tutela um sucedâneo do poder familiar, não mais se justifica a sua existência com o surgimento deste em virtude do reconhecimento, pelo pai, do filho havido fora do matrimônio, ou da adoção, que transfere ao adotante o aludido poder.

Cessam as funções do tutor, sem que cesse a tutela: a) ao expirar o termo, em que era obrigado a servir (CC, art. 1.765); b) ao sobrevir escusa legítima (arts. 1.736 a 1.738); c) ao ser removido (art. 1.735). Os tutores são obrigados a servir somente pelo prazo de dois anos (art. 1.765). Podem, porém, continuar além desse prazo no exercício da tutela se o quiserem e o juiz julgar conveniente ao menor. Prescreve o art. 1.766 do Código Civil que o tutor será destituído quando negligente, prevaricador ou incurso em incapacidade. De acordo com o art. 761 do Código de Processo Civil de 2015, incumbe ao órgão do Ministério Público, ou a quem tenha legítimo interesse, requerer, nos casos previstos na lei civil, a remoção do tutor, seguindo-se o procedimento do art. 761, parágrafo único.

Quadro sinótico – Da tutela

1. Conceito	**Tutela** é o encargo conferido por lei a uma pessoa capaz, para cuidar da pessoa do menor e administrar seus bens. Destina-se a suprir a falta do poder familiar e tem nítido caráter assistencial (CC, art. 1.728).	
2. Espécies	Formas ordinárias (CC, arts. 1.729 a 1.732)	**a)** tutela testamentária; **b)** tutela legítima; **c)** tutela dativa.
	Formas especiais	**a)** tutela do menor abandonado (CC, art. 1.734); **b)** tutela de fato ou irregular: exercida sem nomeação; **c)** tutela *ad hoc* ou provisória: para a prática de determinado ato; **d)** tutela dos índios (Lei n. 6.001/73).

3. Os incapazes de exercer a tutela (CC, art. 1.735)	a) aqueles que não tiverem a livre administração de seus bens; b) aqueles que tiverem obrigação para com o menor, ou tiverem de fazer valer direitos contra este; c) aqueles cujos pais, filhos ou cônjuges tiverem demanda contra o menor; d) os inimigos do menor, ou de seus pais, ou que tiverem sido por estes expressamente excluídos da tutela; e) os condenados por crime de furto, roubo, estelionato, falsidade, contra a família ou os costumes, tenham ou não cumprido a pena; f) as pessoas de mau procedimento, ou falhas em probidade, e as culpadas de abuso em tutorias anteriores; g) aqueles que exercerem função pública incompatível com a boa administração da tutela.
4. Os que podem escusar-se da tutela (CC, art. 1.736)	a) mulheres casadas; b) maiores de 60 anos; c) aqueles que tiverem sob sua autoridade mais de três filhos; d) os impossibilitados por enfermidade; e) aqueles que habitarem longe do lugar onde se haja de exercer a tutela; f) aqueles que já exercerem tutela ou curatela.
5. Garantia da tutela	a) caução real ou fidejussória (CC, art. 1.745 e parágrafo único); b) responsabilidade subsidiária do juiz (CC, art. 1.744, II); c) responsabilidade pessoal e direta do juiz (CC, art. 1.744, I).
6. Exercício da tutela	O exercício da tutela assemelha-se ao do poder familiar, mas não se lhe equipara, pois sofre algumas limitações, sendo ainda sujeito à inspeção judicial. O tutor é obrigado a apresentar balanços anuais e a prestar contas em juízo, sob forma contábil, de dois em dois anos, de sua administração (CC, art. 1.757). A venda de imóveis pertencentes ao menor só pode ser feita mediante autorização judicial e quando houver manifesta vantagem, mediante prévia avaliação judicial (CC, art. 1.750).
7. Cessação da tutela	**Em relação ao menor (CC, art. 1.763):** — pela morte; — pela maioridade; — pela emancipação; — pela superveniência do poder familiar, no caso de reconhecimento ou adoção. **Em relação ao tutor (CC, art. 1.764):** — ao expirar o termo, em que era obrigado a servir; — ao sobrevir escusa legítima; — ao ser removido.

Capítulo II

DA CURATELA

60 CONCEITO. CARACTERÍSTICAS

Curatela é encargo deferido por lei a alguém capaz para reger a pessoa e administrar os bens de quem, em regra maior, não pode fazê-lo por si mesmo. Assemelha-se à tutela por seu caráter assistencial, destinando-se, igualmente, à proteção de incapazes. Por essa razão, a ela são aplicáveis as disposições legais relativas à tutela, com apenas algumas modificações (CC, art. 1.774). Vigoram para o curador as escusas voluntárias (art. 1.736) e proibitórias (art. 1.735); é obrigado a prestar caução bastante, quando exigida pelo juiz, e prestar contas; cabem-lhe os direitos e deveres especificados no capítulo que trata da tutela; somente pode alienar bens imóveis mediante prévia avaliação judicial e autorização do juiz etc.

Apesar dessa semelhança, os dois institutos não se confundem. Podem ser apontadas as seguintes diferenças: a) a tutela é destinada a menores de dezoito anos de idade, enquanto a curatela é deferida, em regra, a maiores; b) a tutela pode ser testamentária, com nomeação do tutor pelos pais; a curatela é sempre deferida pelo juiz; c) a tutela abrange a pessoa e os bens do menor, enquanto a curatela pode compreender somente a administração dos bens do incapaz, como no caso dos pródigos; d) os poderes do curador são mais restritos do que os do tutor. Não é absoluta a regra de que a curatela destina-se somente aos incapazes maiores. O Código Civil prevê a curatela do nascituro, sendo também necessária a nomeação de curador ao relativamente incapaz, maior de dezesseis e menor de dezoito anos, que sofra das faculdades mentais, porque não pode praticar nenhum ato da vida civil. O tutor só poderia assistir o menor, que também teria de participar do ato. Não podendo haver essa participação, em razão da enfermidade ou doença mental, ser-lhe-á nomeado curador, que continuará a representá-lo mesmo depois de atingida a maioridade.

A curatela apresenta cinco características relevantes: a) os seus fins são assistenciais; b) tem caráter eminentemente publicista; c) tem, também, caráter supletivo da capacidade; d) é temporária, perdurando somente enquanto a causa da incapacidade se mantiver (cessada a causa, levanta-se a interdição); e) a sua decretação requer certeza absoluta da incapacidade. O caráter publicista advém do fato de ser dever do Estado zelar pelos interesses dos incapazes. Tal dever, no entanto, é delegado a pessoas capazes e idôneas, que passam a exercer um múnus público, ao serem nomeadas curadoras. A certeza da incapacidade é obtida por meio de um processo de interdição, disciplinado nos arts. 747 e s. do Código de Processo Civil de 2015, no capítulo que trata dos procedimentos especiais de jurisdição voluntária. Após o interrogatório, e no prazo de quinze dias, o interditando poderá impugnar o pedido. Nada obsta que ele mesmo constitua seu próprio advogado para atuar no feito (CPC, art. 752, § 2º). Se não o fizer, o juiz lhe nomeará curador especial. O interditando será citado para ser interrogado minuciosamente pelo juiz. Trata-se do exame pessoal do interditando, para que o juiz possa melhor aferir o seu estado e as suas condições. Após o interrogatório, e no prazo de quinze dias, o interditando poderá impugnar o pedido. Decorrido esse prazo, o juiz nomeará perito médico para proceder ao exame do interditando e apresentar o respectivo laudo. Só designará audiência de instrução e julgamento se houver necessidade de produção de provas. Decretada a interdição, o juiz nomeará curador ao interdito.

A sentença de interdição produz efeito desde logo, embora sujeita a recurso de apelação. Desse modo, o curador presta compromisso e passa a exercer a curatela, sendo a sentença publicada pela imprensa local e pelo órgão oficial, por três vezes, bem como registrada em livro especial no Cartório do 1º Ofício do Registro Civil da comarca em que for proferida. O registro e a publicação da sentença tornam-na pública, não podendo, a partir daí, terceiros que celebrem contratos com o incapaz alegar ignorância de seu estado.

Embora haja controvérsia a respeito da natureza jurídica da sentença que decreta a interdição, tem prevalecido o entendimento de que não é constitutiva, por não criar o estado de incapacidade, mas apenas declaratória da existência de uma situação. Tem, portanto, eficácia *ex tunc*. Como a incapacidade preexiste, entende-se possível intentar ação anulatória dos atos praticados anteriormente à sentença, devendo-se, no entanto, provar a incapacidade àquela época. A diferença única, segundo Pontes de Miranda, é que "os atos anteriores à curadoria só podem ser julgados nulos provando-se que já subsistia, ao tempo em que foram exercitados, a causa da incapacidade". Já os atos praticados na constância da interdição "levam consigo, sem necessidade de prova, a eiva da nulidade pressuposta na interdição (*Tratado de direito privado*, 4. ed., v. 9, p. 347). Em princípio, são nulos os atos praticados pelo amental, antes da interdição, porque o que o torna incapaz é a enfermidade ou deficiência mental e não a sentença de interdição. Todavia, a jurisprudência tem ressalvado os direitos do terceiro de boa-fé que negociou com o incapaz ignorando a sua deficiência mental. Somente se anulam tais negócios se a alienação mental era notória, conhecida de todos, não se podendo falar, neste caso, em boa-fé do terceiro. Levantar-se-á a interdição, cessando a causa que a determinou (CPC, art. 756).

61 ESPÉCIES DE CURATELA

O Código Civil declara, no art. 1.767, com as alterações promovidas pela Lei n. 13.146/2015 (Estatuto da Pessoa com Deficiência), sujeitos a curatela: "I – aqueles que, por causa transitória ou permanente, não puderem exprimir sua vontade; II – (Revogado); III – os ébrios habituais e os viciados em tóxico; IV – (Revogado); V – os pródigos". Mais adiante, entretanto, trata também da curatela dos nascituros (art. 1.779). Na Parte Geral, nos arts. 22 a 25, para onde a matéria foi deslocada, disciplina a curadoria dos bens dos ausentes.

O Decreto-Lei n. 891/38 regulamentou, ainda, a curatela dos toxicômanos, agora disciplinada pelo Código Civil. Essas espécies de curatela não se confundem com a curadoria instituída para a prática de determinados atos, como os mencionados nos arts. 1.692, 1.733, § 2º, e 1.819. Quando a nomeação é feita para a prática de atos processuais, temos as curadorias *ad litem*, como nos processos de interdição ajuizados pelo Ministério Público (CPC, art. 747, IV), na curadoria à lide para os réus presos e citados por edital ou com hora certa (CPC, art. 72, II) etc.

A redação do referido art. 1.767 harmoniza-se com o texto dos arts. 3º e 4º do Código Civil que tratam da capacidade civil.

Dispõe o art. 755 do CPC: "Na sentença que decretar a interdição, o juiz: I – nomeará curador, que poderá ser o requerente da interdição, e fixará os limites da curatela, segundo o estado e o desenvolvimento mental do interdito; II – considerará as características pessoais do interdito, observando suas potencialidades, habilidades, vontades e preferências". O art. 1.782 limita a curatela do pródigo aos atos de alienação ou oneração de seu patrimônio, que não sejam de mera administração. Nas hipóteses mencionadas, que dizem respeito a relativamente incapazes, o juiz fixará, portanto, limites para a curatela, que pode restringir-se ao impedimento de, sem curador, praticar atos que possam comprometer o seu patrimônio e não sejam de mera administração. A autoridade do curador "estende-se à pessoa e aos bens do incapaz que se encontrar sob a guarda e a responsabilidade do curatelado ao tempo da interdição, salvo se o juiz considerar outra solução como mais conveniente aos interesses do incapaz" (CPC, art. 757). O curador nomeado para o interdito é, assim, de direito tutor dos filhos menores não emancipados do incapaz. Trata-se, na realidade, de uma curadoria prorrogada. O nosso ordenamento não admite os chamados "intervalos lúcidos". Os atos praticados pelo amental interditado serão sempre nulos, ainda que no momento aparentasse alguma lucidez.

Os pródigos também podem ser interditados. Essa interdição não tinha, no Código Civil de 1916, a finalidade de proteger o incapaz, como nos outros casos, mas sim a de preservar os interesses da família do pródigo. Tanto assim que o art. 460 do aludido diploma só admitia a sua interdição havendo cônjuge, ou tendo ascendentes ou descendentes que a promovessem. E seria levantada a interdição não somente quando cessasse a incapacidade como também se não existissem mais o cônjuge e os referidos parentes. No diploma de 2002, todavia, a interdição do pródigo visa protegê-lo, e não sua família. É ele o destinatário da assistência e proteção reservada aos incapazes.

Pródigo é o indivíduo que, por ser portador de um defeito de personalidade, gasta imoderamente, dissipando o seu patrimônio com o risco de reduzir-se à miséria. A interdição só interfere em atos de disposição e oneração do seu patrimônio. Pode inclusive administrá-lo, mas ficará privado de praticar atos que possam desfalcá-lo, como "emprestar, transigir, dar quitação, alienar, hipotecar, demandar ou ser demandado" (CC, art. 1.782). Tais atos dependem da assistência do curador. Sem essa assistência, serão anuláveis (art. 171, I). Não há limitações referentes à pessoa do pródigo, que pode viver como lhe aprouver, podendo votar, ser jurado, testemunha, exercer profissão que não seja a de comerciante e até casar, com autorização de seu representante legal, exigindo-se, somente neste último caso, a assistência do curador se celebrar pacto antenupcial que acarrete alteração em seu patrimônio.

A lei prevê a possibilidade excepcional de se dar curador ao nascituro, ante duas circunstâncias: a) se o pai falecer, estando a mulher grávida; b) não tendo a mãe o exercício do poder familiar. Essa última hipótese só pode ocorrer se ela tiver sido destituída do poder familiar em relação a filhos havidos anteriormente, pois tal sanção abrange toda a prole, inclusive o nascituro. Poderá ocorrer também se estiver interditada, caso em que seu curador será o do nascituro (CC, art. 1.779, parágrafo único). Só há interesse na nomeação de curador ao nascituro se tiver de receber herança, legado ou doação.

A curatela dos toxicômanos é regida pelo inciso III, *in fine*, do art. 1.767 do Código Civil e abrange os incapazes em virtude do vício ou dependência de substâncias tóxicas em geral, seja cocaína, morfina, ópio, maconha ou outra, bem como o álcool. Os alcoólatras estão incluídos no rol dos toxicômanos.

62 O ESTATUTO DA PESSOA COM DEFICIÊNCIA

A Lei n. 13.146, de 6 de julho de 2015, denominada "Estatuto da Pessoa com Deficiência", promoveu uma profunda mudança no sistema das incapacidades, alterando substancialmente a redação dos arts. 3º e 4º do Código Civil, que passou a ser a seguinte:

"Art. 3º São absolutamente incapazes de exercer pessoalmente os atos da vida civil os menores de 16 (dezesseis) anos.

Art. 4º São incapazes, relativamente a certos atos ou à maneira de os exercer: I – os maiores de dezesseis e menores de dezoito anos; II – os ébrios habituais e os viciados em tóxico; III – aqueles que, por causa transitória ou permanente, não puderem exprimir sua vontade; IV – os pródigos. Parágrafo único. A capacidade dos indígenas será regulada por legislação especial".

Observa-se que o art. 3º, que trata dos absolutamente incapazes, teve todos os seus incisos revogados, apontando no *caput*, como únicas pessoas com essa classificação, "os menores de 16 (dezesseis) anos". Por sua vez, o art. 4º, que relaciona os relativamente incapazes, manteve, no inciso I, os "maiores de dezesseis e menores de dezoito anos", mas suprimiu, no inciso II, "os que, por deficiência mental, tenham o discernimento reduzido", mantendo apenas "os ébrios habituais e os viciados em tóxico". E, no inciso III, suprimiu "os excepcionais, sem desenvolvimento mental completo", substituindo-os pelos que, "por causa transitória ou permanente, não puderem exprimir sua vontade". Os *pródigos* permanecem no inciso IV como relativamente incapazes.

A consequência imediata dessa alteração legislativa é exatamente essa: o deficiente é agora considerado plenamente capaz (salvo se não puder exprimir sua vontade, nos termos do art. 4º, III, do CC), na medida em que os arts. 6º e 84, do mesmo diploma, deixam claro que "a deficiência não afeta a plena capacidade civil da pessoa". O citado art. 6º declara, efetivamente, que "A deficiência não afeta a plena capacidade civil da pessoa, inclusive para: (...) VI – exercer o direito à guarda, à tutela, à curatela e à adoção, como adotante ou adotando, em igualdade de oportunidades com as demais pessoas". Por seu turno, o mencionado art. 84 estatui, categoricamente, que "A pessoa com deficiência tem assegurado o direito ao exercício de sua capacidade legal em igualdade de condições com as demais pessoas". Quando necessário, aduz o § 1º, "a pessoa com deficiência será submetida à curatela, conforme a lei". A definição de curatela de pessoa com deficiência, complementa o § 3º, "constitui medida protetiva extraordinária, proporcional às necessidades e às circunstâncias de cada caso, e durará o menor tempo possível". Pretendeu o legislador, com essas inovações, impedir que a pessoa deficiente seja considerada e tratada como incapaz, tendo em vista os princípios constitucionais da igualdade e da dignidade humana.

63 REGULAMENTAÇÃO DA CURATELA

Dispunha o art. 1.768 do Código Civil que a interdição deve ser promovida: "I – pelos pais ou tutores; II – pelo cônjuge, ou por qualquer parente; III – pelo Ministério Público". A Lei n. 13.146/2015 inseriu o inciso IV, legitimando "a própria pessoa" a requerer a sua interdição. Todavia, o Código de Processo Civil de 2015, que lhe é posterior, proclama no art. 747 que a interdição pode ser promovida: "I – pelo cônjuge ou companheiro; II – pelos parentes ou tutores; III – pelo representante da entidade em que se encontra abrigado o interditando; IV – pelo Ministério Público". A enumeração é taxativa, mas não preferencial. Qualquer das pessoas indicadas pode promover a ação. Entretanto, aduz o art. 748 que o Ministério Público só promoverá a interdição em caso de doença mental grave: "I – se as pessoas designadas nos incisos I, II e III do art. 747 não existirem ou não promoverem a interdição; II – se, existindo, forem incapazes as pessoas mencionadas nos incisos I e II do art. 747". A lei exige, portanto, que o promovente, além de parente (na linha colateral o parentesco limita-se ao quarto grau), seja também maior e capaz. O simples fato de existir pessoa sujeita à curatela, porém ainda não interditada, já autoriza o Ministério Público a agir, não sendo necessário que notifique as demais pessoas mencionadas no art. 747 do CPC, estipulando-lhes prazo para suprir a omissão.

Ao decretar a interdição, o juiz nomeará um curador. Sob esse aspecto, a curatela pode ser legítima ou dativa. É que a lei indica as pessoas que devem ser nomeadas. Diz o art. 1.775 do Código Civil que "o cônjuge ou companheiro, não separado judicialmente ou de fato, é, de direito, curador do outro, quando interdito". Na falta de cônjuge ou companheiro, pode ser nomeado qualquer dos pais; na falta destes, o descendente que se mostrar mais apto. Entre os descendentes, os mais próximos precedem aos mais remotos. A ordem é preferencial, mas a preferência não é absoluta. Havendo motivos graves, a bem do interdito, o juiz pode alterá-la. Na falta das pessoas mencionadas, "compete ao juiz a escolha do curador" (art. 1.775, § 3º), que deverá ser pessoa idônea, podendo ser estranha à família do interdito, configurando-se, então, a curatela dativa. O art. 1.783 do Código Civil dispensa o cônjuge curador, salvo determinação judicial, de prestar contas de sua administração, quando o regime de bens do casamento for de comunhão universal.

Quanto ao exercício da curatela, basicamente aplicam-se as mesmas regras sobre a tutela, no que não contrariarem as peculiaridades do primeiro instituto, inclusive as referentes a escusas, remoção do curador e cessação da curatela.

Tem sido admitida, em atenção ao melhor interesse do incapaz, a curatela compartilhada. Veja-se: "Diante da prova nos autos no sentido de que o agravado é incapaz para os atos da vida civil, é de se determinar a sua interdição provisória, ficando a curatela compartilhada entre sua esposa e seu irmão, situação que provisoriamente melhor atende aos interesses do incapaz" (TJMG, AgI 1.0024.09.450844-7/001, j. 6-10-2011). Preceitua também o art. 1.775-A do Código Civil, introduzido pela Lei n. 13.146/2015: "Na nomeação de curador para a pessoa com deficiência, o juiz poderá estabelecer curatela compartilhada a mais de uma pessoa".

64 CURATELA DE PESSOAS CAPAZES. TOMADA DE DECISÃO APOIADA

O Estatuto da Pessoa com Deficiência (Lei n. 13.146, de 6 de julho de 2015) inova ao admitir a interdição de pessoa capaz. Dispõe, com efeito, o art. 84, § 1º, da referida lei: "Quando necessário, a pessoa com deficiência será submetida à curatela, conforme a lei".

Acrescenta o mencionado diploma: "Art. 84, § 3º A definição de curatela de pessoa com deficiência constitui medida protetiva extraordinária, proporcional às necessidades e às circunstâncias de cada caso, e durará o menor tempo possível". Por sua vez, proclama o art. 85, *caput*, que "A curatela afetará tão somente os atos relacionados aos direitos de natureza patrimonial e negocial", acrescentando, no § 2º, que "A curatela constitui medida extraordinária, devendo constar da sentença as razões e motivações de sua definição, preservados os interesses do curatelado".

O art. 1.780 do Código Civil foi expressamente revogado pelo art. 123, VII, do Estatuto da Pessoa com Deficiência, que trata da nova figura denominada "Tomada de Decisão Apoiada". O art. 1.783-A do Código Civil, criado pelo Estatuto em apreço e que supre a mencionada revogação, ampliando o seu âmbito, dispõe que "A tomada de decisão apoiada é o processo pelo qual a pessoa com deficiência elege pelo menos 2 (duas) pessoas idôneas, com as quais mantenha vínculos e que gozem de sua confiança, para prestar-lhe apoio na tomada de decisão sobre atos da vida civil, fornecendo-lhe os elementos e informações necessárias para que possa exercer sua capacidade". O novo dispositivo aplica-se aos casos de pessoas que possuem algum tipo de deficiência mas podem, todavia, *exprimir a sua vontade*. O caso típico é o do portador da Síndrome de Down, que o torna uma pessoa deficiente mas não acarreta, necessariamente, impedimento para a manifestação da vontade. Neste caso, não se justifica a classificação dessa pessoa como relativamente incapaz, sujeita à curatela.

A Tomada de Decisão Apoiada constitui, destarte, um terceiro gênero (o de pessoas que apresentam alguma deficiência física ou mental, mas podem exprimir a sua vontade e, por essa razão, podem se valer do benefício da Tomada de Decisão Apoiada), ao lado das pessoas não portadoras de deficiência e, portanto, plenamente capazes, e das pessoas com deficiência e incapazes de exprimir a sua vontade, sujeitas, desse modo, à curatela.

"O pedido de tomada de decisão apoiada será requerido pela pessoa a ser apoiada, com indicação expressa das pessoas aptas a prestarem o apoio previsto no *caput* deste artigo" (art. 1.783-A do CC, § 2º).

Quadro sinótico – Da curatela

1. Conceito	**Curatela** é encargo deferido por lei a alguém capaz para reger a pessoa e administrar os bens de quem, em regra maior, não pode fazê-lo por si mesmo. Assemelha-se à tutela por seu caráter assistencial, destinando-se, igualmente, à proteção de incapazes. Por essa razão, a ela são aplicáveis as disposições legais relativas à tutela, com apenas algumas modificações (CC, art. 1.774).	
2. Diferenças entre tutela e curatela	**a)** a tutela é destinada a menores de 18 anos de idade, enquanto a curatela é deferida, em regra, a maiores; **b)** a tutela pode ser testamentária, com nomeação do tutor pelos pais; a curatela é sempre deferida pelo juiz; **c)** a tutela abrange a pessoa e os bens do menor, enquanto a curatela pode compreender somente a administração dos bens do incapaz, como no caso dos pródigos; **d)** os poderes do curador são mais restritos do que os do tutor.	
3. Características relevantes da curatela	**a)** os seus fins são assistenciais; **b)** tem caráter eminentemente publicista; **c)** tem, também, caráter supletivo da capacidade; **d)** é temporária, perdurando somente enquanto a causa da incapacidade se mantiver; **e)** a sua decretação requer certeza absoluta da incapacidade, obtida por meio do procedimento especial de interdição (CPC, arts. 747 e s.).	
4. Espécies	Formas ordinárias (CC, art. 1.767)	**a)** a daqueles que, por causa transitória ou permanente, não puderem exprimir sua vontade; **b)** a dos ébrios habituais e dos viciados em tóxico; **c)** a dos pródigos.
	Forma especial	A dos nascituros (CC, art. 1.779).
5. Pessoas legitimadas a promover a interdição dos incapazes (CPC, arts. 747 e 748)	**a)** pais ou tutores; **b)** cônjuge (ou companheiro, embora não mencionado) ou qualquer parente; **c)** o Ministério Público.	

6. O Estatuto da Pessoa com Deficiência	O referido Estatuto (Lei n. 13.146/2015) inova ao permitir a interdição de pessoa capaz. Dispõe, com efeito, o art. 84, § 1º: "Quando necessário, a pessoa com deficiência será submetida à curatela, conforme a lei".	
7. Quem pode ser nomeado curador (CC, art. 1.775)	**Curatela legítima**	**a)** o cônjuge ou companheiro, não separado judicialmente ou de fato; **b)** na falta destes, qualquer dos pais; **c)** e na falta destes, o descendente que se mostrar mais apto. Os mais próximos excluem os mais remotos.
	Curatela dativa	Configura-se quando faltam as pessoas mencionadas e o juiz escolhe o curador, que deverá ser pessoa idônea, podendo ser estranha à família do interdito (CC, art. 1.775, § 3º).
8. Exercício da curatela	Basicamente, aplicam-se as mesmas regras sobre o exercício da tutela, no que não contrariarem as peculiaridades do instituto da curatela, inclusive as referentes a escusas, nomeação do curador e cessação da curatela.	
9. Curatela de pessoas capazes. Tomada de decisão apoiada	É o processo pelo qual a pessoa com deficiência elege pelo menos duas pessoas idôneas, de sua confiança, para prestar-lhe apoio na tomada de decisão sobre os atos da vida civil.	